Ein Zuhause zum Wohlfühlen

Ein Zuhause zum Wohlfühlen

Die Kunst, sich
gemütlich einzurichten

Caroline Clifton-Mogg

Lifestyle
BUSSE SEEWALD

Text: © Caroline Clifton-Mogg
Layout und Fotos: © Ryland, Peters & Small
Übersetzung: Wiebke Krabbe
Korrektorat: Claudia Pastors
Cover: Petra Theilfarth
Programmleitung & Produktmanagement: Susanne Klar, Melissa Brosig
Druck & Bindung: Toppan Leefung, China

© Lifestyle BusseSeewald in der frechverlag GmbH Stuttgart, 2013

Die englische Originalausgabe erschien unter dem Titel „The comforts of a home" bei Ryland Peters & Small Ltd.

Materialangaben und Arbeitshinweise in diesem Buch wurden von den Autoren und den Mitarbeitern des Verlags sorgfältig geprüft. Eine Garantie wird jedoch nicht übernommen. Autoren und Verlag können für eventuell auftretende Fehler oder Schäden nicht haftbar gemacht werden. Das Werk und die darin gezeigten Modelle sind urheberrechtlich geschützt. Die Vervielfältigung und Verbreitung ist, außer für private, nicht kommerzielle Zwecke, untersagt und wird zivil- und strafrechtlich verfolgt. Dies gilt insbesondere für eine Verbreitung des Werkes durch Fotokopien, Film, Funk und Fernsehen, elektronische Medien und Internet sowie für eine gewerbliche Nutzung der gezeigten Modelle.

1. Auflage 2013

ISBN: 978-3-7724-7358-6 • Best.-Nr. 7358

Inhalt

Vorwort	6
DIE ELEMENTE	**14**
Alles in Ordnung!	16
Nutzen Sie, was Sie haben	22
Einrichten mit allen Sinnen	32
Herzlich willkommen	38
Gut verstaut	44
Sauber und gepflegt	54
Textilien	70
Liebe zum Detail	78
DIE RÄUME	**84**
Der einladende Flur	86
Die gemütliche Küche	90
Das behagliche Wohnzimmer	104
Das friedliche Schlafzimmer	116
Das praktische Bad	128
Der sympathische Arbeitsplatz	138
Das grüne Zimmer	144
Register	152
Nützliche Adressen	154
Firmennachweis	156
Bildnachweis	158
Danksagung	160

Vorwort

Das Wort »Behaglichkeit« lässt sich nicht so einfach definieren. Es hat für jeden von uns eine andere, ganz individuelle Bedeutung. Aspekte wie Wärme, Sicherheit, Geborgenheit spielen eine Rolle. Aber eine behagliche Umgebung spricht auch das persönliche ästhetische Empfinden an, etwa durch Farben, Materialien oder Gerüche, die ein Wohlgefühl verleihen. All dies sind Bedürfnisse, die auch unser Zuhause erfüllen soll.

Ein Zuhause ist immer wichtig, aber wenn das Klima draußen etwas rauer ist, nimmt seine Bedeutung für viele Menschen zu – manchmal in Form einer speziellen, vertrauten Umgebung, manchmal nur als Gefühl oder als Bild eines sicheren, warmen Raums, an den man sich zurückziehen und die Vorhänge zuziehen kann, um den Sturm draußen auszusperren. So ein Zuhause ist kein Ort zum Vorzeigen. Hier spielen materielle Dinge eine untergeordnete Rolle. Viel wichtiger sind Eigenschaften, die man nicht kaufen kann: Sicherheit und das beruhigende Gefühl, dass alles in Ordnung ist.

Wir alle sollten uns Gedanken über unseren Lebensstil machen und Sorgfalt in die Qualität unserer Umgebung und die Dinge, mit denen wir uns umgeben, investieren. Nur dadurch kann Behaglichkeit entstehen. Das mag altmodisch klingen, tatsächlich gibt uns aber eine Umge-

bung, der wir Zeit, Mühe und Sorgfalt widmen, auch etwas zurück: Gemütlichkeit und Wärme.

Unser Lebensstil hat sich in den letzten Jahren verändert. Die Zeit der Überflussgesellschaft ist vorüber, Konsum um jeden Preis ist nicht mehr gefragt. Stattdessen stehen bescheidenere, häusliche Freuden wieder hoch im Kurs. Vielleicht ist dies der richtige Moment, um uns genauer mit unserem Zuhause zu beschäftigen, mit dem Ort, an den wir nach der Arbeit zurückkehren und an dem wir unsere Freizeit verbringen. Überlegen wir einmal, wie wir das Zuhause behaglicher gestalten können, ohne viel Geld auszugeben, alles auf den Kopf zu stellen oder grundlegend zu verändern. Es gibt so viele Möglichkeiten, Räume sympathischer und behaglicher zu machen, und oft sind es kleine Handgriffe, für die Sie nur Fantasie und Stilgefühl brauchen, aber kein großes Budget. Außerdem macht es Freude, aus dem vorhandenen Fundus zu schöpfen, um die eigenen Vorstellungen von Behaglichkeit zu verwirklichen.

Früher wurden Mädchen schon früh mit der Hausfrauenrolle vertraut gemacht. Viele besaßen große, komplett eingerichtete Puppenhäuser, die nur vordergründig ein Spielzeug waren. Letztlich dienten sie dazu, den Mädchen die Geheimnisse und Zusammenhänge der Haushaltsführung zu vermitteln. Aufwendig gearbeitete und komplett eingerichtete historische Puppenhäuser kann man heute in Museen bewundern. Da gibt es Küchen mit winzigem Kochgeschirr aus Kupfer und Zinn, Esszimmer mit Porzellan und Gläsern oder Pfostenbetten mit kunstvoll bestickten Vorhängen.

Behaglichkeit und Sparsamkeit scheinen auf den ersten Blick seltsame Gefährten, historisch gehören sie jedoch zusammen. Seit jeher war das reibungslose Funktionieren des Haushalts das wichtigste Ziel jeder Hausfrau. Ein Paradebeispiel sind große ländliche Haushalte, die über Jahrhunderte nahezu autark bewirtschaftet wurden. Obst, Gemüse und Getreide aus eigenem Anbau stellten die Versorgung sicher, und es gab spezielle Räume oder Bereiche zum Kochen, Waschen, Backen, Brauen und zum Einmachen und Konservieren. Man ging mit Geschirr, Wäsche und Vorräten achtsam um und bewahrte alles ordentlich in Kammern und Schränken auf.

Weggeworfen wurde wenig, stattdessen wurde wiederverwertet, umfunktioniert oder zweckentfremdet. Recycling ist keine neue Erfindung, und auch die traditionellen Reinigungsmethoden passen gut in unsere Zeit. Die Vergangenheit ist kein fremdes Land, sondern eine Quelle, aus der wir viel über ein behagliches Zuhause lernen können.

Um einen Haushalt im Stil unserer Vorfahren zu führen, fehlen uns heute der Platz und das Personal. An den Grundprinzipien hat sich aber wenig geändert. Es macht einfach zufrieden, einen Wäscheschrank mit sauber zusammengefalteten Bettbezügen und Laken zu haben. Auch eine gut bestückte Speisekammer mit hochwertigen Grundzutaten, aus denen man im Handumdrehen eine leckere Mahlzeit zaubern kann, vermittelt ein wohliges Gefühl. Es macht Freude, aus alten Textilien etwas Eigenes zu kreieren, statt einfach etwas Neues zu kaufen. Behaglichkeit ist etwas, das jeder selbst schaffen kann. Es geht um ein Zuhause, das warm und einladend wirkt, in dem es sich angenehm und praktisch leben lässt und das individuell und geschmackvoll gestaltet ist. Überfluss und Extravaganz sind da fehl am Platz. Stattdessen kommen einfachere Mittel sehr wirkungsvoll zum Zuge. Farbe beispielsweise vermittelt Behaglichkeit – an den Wänden, aber auch im Detail, beispielsweise in Form einer hübschen Tischdecke, die schon einen kleinen Vorgeschmack auf die nächste leckere Mahlzeit darstellt. Alle Räume der Wohnung lassen sich mit etwas Einfallsreichtum verjüngen und auffrischen. Dafür brauchen Sie nicht das Konto zu überziehen, denn Behaglichkeit kann man gar nicht kaufen. Sie hat mehr mit Zuneigung zu tun. Indem Sie ein behagliches Zuhause schaffen, sorgen Sie auf sichtbare Weise dafür, dass Bewohner und Besucher sich wohlfühlen – und das ist doch ein bisschen Mühe wert.

DIE ELEMENTE

Der erste Schritt auf dem Weg zu einem behaglichen Zuhause besteht darin, die Aspekte des Lebens zu erkennen, die etwas mehr Sorgfalt und Aufmerksamkeit benötigen. Ein gut organisiertes Zuhause macht allen Bewohnern das Leben leichter. Im ersten Teil des Buches geht es um fast vergessene Themen wie den Wäscheschrank und die Speisekammer, aber auch um die hohe Kunst, aus dem Vorhandenen das Beste zu machen. All das wird bewirken, dass sich auch Ihre Gäste bei Ihnen sofort wie zu Hause fühlen.

Alles in Ordnung!

Unordnung ist verwirrend. Nichts ist ungemütlicher als eine Wohnung, in der sich Spielsachen oder alte Zeitungen auf Sesseln türmen, Reste der letzten Mahlzeit auf dem Tisch stehen, die Betten ungemacht sind und die Handtücher auf dem Badezimmerboden liegen.

»Ein echtes Zuhause ist ein funktionierender Mechanismus, dessen Bestandteile denen nützen sollen, die darin leben.«

»Der erste Schritt zu einem gut organisierten Haushalt besteht darin, überflüssigen Ballast abzuwerfen.«

Worte wie »Ordnung« oder »ordentlich« gelten heute als überholt und altmodisch. Wir bringen sie mit preußischer Strenge und militärischer Disziplin in Zusammenhang – das will nicht recht zu unseren Vorstellungen von Behaglichkeit passen. Dabei ist ein echtes Zuhause ein funktionierender Mechanismus, dessen Bestandteile allen nützen, die darin leben. Nicht nur Ordnungsfanatiker finden es schön, einen Wäscheschrank zu öffnen und sauber gestapelte Bettbezüge und Laken zu sehen – statt zerknüllter Haufen. Und wer hätte keine Freude am Anblick einer aufgeräumten Speisekammer mit Dosen, Gläsern, Flaschen und Schachteln, die viele leckere Mahlzeiten verheißen?

Der erste Schritt zu einem gut organisierten Haushalt besteht darin, überflüssigen Ballast abzuwerfen. Dann ordnen Sie systematisch. Be-

ginnen Sie in der Küche. Alle Utensilien sollten dort aufbewahrt werden, wo sie meistens zum Einsatz kommen: Geschirr über der Spülmaschine, Töpfe und Pfannen am Herd. Halten Sie die Arbeitsflächen frei, räumen Sie während des Kochens auf, und verstauen Sie selten benutzte Dinge so, dass sie nicht im Weg stehen. Nach demselben Prinzip können Sie auch in anderen Räumen vorgehen. Ordnung hat mit Logik zu tun.

Auch beim Putzen sollten Sie logisch vorgehen. Ein durchdachter Plan macht die Arbeit viel leichter. Aus Hauswirtschaftsbüchern aus dem 19. Jahrhundert kann man allerlei lernen. Dort wird empfohlen, für bestimmte Arbeiten einen festen Tag vorzusehen und methodisch vorzugehen – normalerweise von oben nach unten. Diese Vorgehensweise hat auch heute ihren Sinn, denn durch Methodik lassen sich viele Arbeiten effizienter erledigen. Noch wichtiger ist aber, angefangene Arbeiten konsequent zu beenden. Lassen Sie nichts halb fertig liegen, um etwas Neues anzufangen.

Wenn sich unerwarteter Besuch ankündigt, kann es schon einmal vorkommen, dass sich ein Anflug von Hausfrauenpanik breitmacht. Beseitigen Sie in solchen Fällen die offensichtliche Unordnung. Räumen Sie Zeitungen von allen Flächen (auch den Stuhlsitzen), lassen Sie Apfelreste oder benutzte Teller, Becher und Gläser verschwinden. Statt das Geschirr in die Spülmaschine einzuräumen, stellen Sie den ganzen Stapel kurzerhand in die Spüle. Sammeln Sie herumliegende Kleidung – Pullover, Socken und Schlimmeres – zusammen. Wenn die Zeit nicht reicht, alles an seinen Platz zu räumen, tut es auch ein Schrankfach oder eine Kiste unter dem Tisch. Schütteln Sie die Sitzkissen auf, fahren Sie mit einem Staubtuch über die leer geräumten Flächen. Falten Sie die letzten Zeitungen sauber zusammen und rücken Sie Bücherstapel gerade, denn Symmetrie vermittelt ein Gefühl von Ordnung.

Um auf lange Sicht das Gefühl zu haben, nicht im Chaos zu versinken, und entspannt in den Tag zu starten, sollten Sie sich zwei Dinge angewöhnen: Machen Sie morgens Ihr Bett, damit es Sie am Abend freundlich empfängt, und räumen Sie auf, bevor Sie ins Bett gehen.

»Auch beim Putzen sollten Sie logisch vorgehen. Ein durchdachter Plan macht die Arbeit viel leichter.«

Nutzen Sie, was Sie haben

Natürlich gibt es Menschen, die ganz wenig besitzen, und andere, die sehr viel haben. Heutzutage scheint es aber, als ob wir alle viel zu viele Habseligkeiten angesammelt haben. Dinge, die ihren Zweck nicht erfüllen oder dem Geschmack nicht mehr entsprechen, beschweren das Leben aber nur.

In London liegt am Südufer der Themse ein riesiges, überaus effizientes Recyclingzentrum, das für vier Nachbarbezirke zuständig ist. Dort stehen gewaltige Container mit Abfällen und Zivilisationsresten, penibel nach Kategorien sortiert – von Papier und Gartenabfällen über DVDs bis hin zu Kühlschränken, Fernsehern, Computern und Druckern. Es sind Berge von Dingen, die wahrscheinlich noch vor einem Jahr der ganze Stolz ihrer Besitzer waren. Nun haben sie ihr Verfallsdatum überschritten, können mit den neueren Modellen nicht mithalten und eine Reparatur wäre zu teuer.

Seien wir ehrlich: Wir haben viel zu viele Dinge, und was nicht mehr taugt, werfen wir kurzerhand weg. Es wird Zeit, unsere Konsumhaltung kritisch zu überdenken und neu zu entdecken, wie viel Freude Wiederverwerten oder Umfunktionieren machen kann. Ob Kissen oder Schränke, durch eine pfiffige Verjüngung kann vieles eine zweite Chance bekommen.

Um das Beste aus dem Vorhandenen zu machen, sollten Sie mit einer bewussten Bestandsaufnahme beginnen. Schauen Sie sich all Ihre Habseligkeiten einmal ganz genau an. Mit Dingen geht es uns ähnlich wie mit Menschen: Wenn wir eine Zeit lang mit ihnen leben, gewöhnen wir uns an sie und nehmen sie gar nicht mehr richtig wahr. Möbelstücke wie Tische und Stühle werden zur Selbstverständlichkeit und damit beinahe unsichtbar. Wenn das geschieht, wird es Zeit, sie mit neuen Augen zu sehen. Registrieren Sie bewusst, wo sie stehen und welche Rolle sie im Raum spielen. Überlegen Sie, ob sie anderswo besser wirken könnten – an einem anderen Platz? Vielleicht sogar in einem anderen Raum? Ich war einmal

»Es wird Zeit, unsere Konsumhaltung kritisch zu überdenken, unser Habe unter die Lupe zu nehmen und zu entdecken, wie viel Freude Wiederverwerten oder Umfunktionieren machen kann.«

mit einer Freundin auf einer Auktion. Sie suchte zwei kleine Beistelltische für ihr Bett. Als wir mit leeren Händen nach Hause kamen, beschlossen wir, uns umzusehen, ob wir in ihrem Bestand etwas Passendes fanden. Und tatsächlich entdeckten wir mit diesem neu geschärften Blick unter einem Stapel Zeitungen zwei Tischchen, halb versteckt von einer langen Gardine. Der erfolglose Besuch im Auktionshaus hatte genügt, um ihre vorhandenen Möbel aus einem neuen Blickwinkel zu beurteilen.

Raumdesigner stellen in ihrer eigenen Wohnung häufig die Möbel um – entsprechend der Saison oder aus einer Laune heraus. Sie probieren, wie die Dinge an einem anderen Platz wirken, und urteilen mit kritischem Auge. Wie sieht das Sofa vor dem Kamin aus? Vielleicht wirkt es unter dem Fenster besser – und die Sessel rechts und links vom Feuer? Solche Experimente zahlen sich oft aus. Wenn man ein größeres Möbelstück umstellt, wirkt oft der ganze Raum völlig anders. Manchmal stellt man dabei fest, was gar nicht geht. In den meisten Fällen erhält der Raum aber einen ganz neuen Charakter, der ihm gut bekommt.

Professionelle Raumgestalter wissen auch, dass sich ein Raum im Handumdrehen durch neue Lampenschirme oder Kissen verjüngen lässt. Im Kapitel über Textilien (siehe Seite 70–77) befassen wir uns eingehend mit Kissen. Es ist aber eine gute Idee, die Kissen gelegentlich an andere Plätze zu räumen, weil man sich so schnell an ihren Anblick gewöhnt. Es kommt vor, dass der Bestand – ohne einen durchdachten Gestaltungsplan – durch neue Kissen ergänzt wird. Raffen Sie einmal alle zusammen, und probieren Sie sie auf anderen Sesseln oder Sofas aus. Die Wirkung wird Sie überraschen. Denken Sie daran, dass Kissen noch mehr können: Schauen Sie sich beispielsweise einmal in Ihrer Wohnung nach einer Fensterbank in passender Höhe und Tiefe um, die sich mit einem Berg Kissen in einen gemütlichen Sitzplatz verwandeln lässt. Vielleicht haben Sie auch eine große Truhe, die als Sitz dienen kann und unter dem Deckel praktischen Stauraum bietet. Selbst ein Regal, zum

NUTZEN SIE, WAS SIE HABEN

»Es ist eine gute Idee, Kissen immer wieder einmal an andere Plätze zu legen, weil man sich so schnell an ihren Anblick gewöhnt.«

Beispiel mit einem eingebauten Weinregal oder einem Schränkchen, lässt sich in einen Sitz verwandeln.

Auch Tischleuchten sollten Sie von Zeit zu Zeit umstellen. Das Ergebnis ist nicht immer überzeugend, aber in vielen Fällen ist die Wirkung überraschend gut, weil durch die veränderte Beleuchtung Bereiche betont werden, die bisher ein Schattendasein führten.

Was für Möbel gilt, trifft auch auf Alltagsgegenstände zu. Die meisten von uns decken den Tisch immer auf die gleiche Weise. Wir holen dieselben Sets hervor, dasselbe Geschirr und dieselben Gläser: dieses Muster zum Frühstück, diese Teller zum Mittagessen, diese Brettchen und Gläser zum Abendbrot. Dabei haben die meisten von uns Regale voller praktischer und hübscher Stücke, die wir einmal gern mochten, aber nie benutzen. Begutachten Sie den Bestand und brechen Sie alte Gewohnheiten durch Veränderung auf. Es genügt schon, statt Sets eine Tischdecke zu benutzen, um das vertraute Geschirr in einem anderen Licht zu sehen.

Nach demselben Prinzip können Sie auch mit Tagesdecken, Wolldecken oder Bettwäsche verfahren. Wahrscheinlich gefallen Ihnen die Dinge, denen Sie in Ihren Schränken Platz geben (und wenn nicht, ist es Zeit, sich von ihnen zu trennen…).

Wer sieht, was andere Menschen suchen und wie viel sie dafür ausgeben würden, beurteilt sein eigenes Habe oft mit ganz neuer Achtung. Schauen

Sie sich einmal in Antiquitätengeschäften oder im Internet um: Was manche für Plunder halten, betrachten andere als Schätze. Sie werden an einem alten Druck, einem Sessel oder einer Vase garantiert wieder mehr Freude haben, wenn Sie feststellen, dass ähnliche Modelle zu Liebhaberpreisen gehandelt werden.

Einrichten mit allen Sinnen

Wenn man eine großzügige, gut durchdachte Wohnung betritt, kann man die Behaglichkeit fast mit Händen greifen. Sie riecht gut, ist warm und sieht einladend aus. Setzen Sie beim Einrichten alle Sinne ein, denn schließlich nehmen wir Behaglichkeit auch mit allen Sinnen wahr. Aber übertreiben Sie nicht. Ein Übermaß ist ebenso ungeschickt wie ein Mangel.

Ein behagliches Zuhause vermittelt vor allem Wärme – körperlich und auch seelisch.

Das bedeutet nicht, den ganzen Tag lang die Zentralheizung laufen zu lassen. Um Wärmeverluste zu vermeiden, genügt es schon, die Zimmertüren zu schließen. Das klingt banal, aber da wir gewohnt sind, in offenen, geheizten Räumen zu wohnen und zu arbeiten, denken wir oft gar nicht an die Türen.

Durch Fenster dringt Sonnenlicht ins Haus, aber es entweicht auch Wärme. Natürlich schaffen Isolierglasscheiben und gute Dichtungen Abhilfe, aber wenn es um Behaglichkeit geht, sind Vorhänge die beste Wahl. Wer Vorhänge hat, sollte sie abends zuziehen. Auch das klingt banal, ist aber für viele Menschen gar nicht selbstverständlich. Wer keine hat, könnte über die Anschaffung nachdenken. In den 1980er-Jahren lagen Vorhänge im Trend, dann wurden sie – wie ein allzu populärer Maler oder ein Star von

gestern – schlagartig unmodern. Dabei sind schlichte Vorhänge mit oder ohne Futter ideal, um an frostigen Winterabenden die Kälte auszusperren.

Ein Haus, das angenehm duftet, wirkt ungemein einladend. Billige Duftkerzen haben oft einen synthetischen Geruch. Hochwertige Duftkerzen können wunderbar riechen, sind aber nicht ganz preiswert. Echte Kerzenfans wählen für jeden Raum einen anderen Duft und stimmen die Gerüche sorgfältig aufeinander ab. Düfte lassen sich aber auch mit anderen, weniger offensichtlichen Mitteln ins Haus holen.

Blumen sind ein schöner Anblick und heben die Stimmung. Jeder mag sie – sogar Männer nehmen eine Vase mit einem Blumenstrauß wahr. Viele Schnittblumen haben einen angenehmen Duft, der ganz unaufdringlich in

»Ein behagliches Zuhause vermittelt vor allem Wärme – körperlich und auch seelisch.«

der Luft schwebt. Ob stärkere Düfte wie von Rosen und Lilien oder dezente Düfte von Flieder und Narzissen, alle wirken positiv auf die Raumwirkung und die Stimmung. Selbst ein simpler Blumentopf mit einer Geranie oder einem bescheidenen Stiefmütterchen auf der Fensterbank ist ein erfreulicher Anblick. Ein Blumenkasten mit Kräutern ist doppelt schön, denn die Kräuter duften erfrischend und sind zum Kochen unentbehrlich.

Es gibt noch weitere Düfte, die wir intuitiv mit einem warmen, behaglichen Zuhause assoziieren. Viele haben mit Kindheitserinnerungen zu tun, etwa der Duft eines Potpourris in der Sonne, der Geruch von Möbelwachs und alten Ledersesseln, der Duft eines würzigen Schmorgerichts, einer Schale mit Orangen oder einer feinen Seife im Bad. Sicherlich können Sie der Liste eigene »Duft-Erinnerungen« hinzufügen. Geben Sie ihnen in Ihrer Wohnung Raum, denn solche Sinneswahrnehmungen tragen dazu bei, dass sich Bewohner und Gäste wohl und willkommen fühlen.

Behaglichkeit vermittelt sich auch über den Tastsinn. Möbelbezüge aus weichen, nicht kratzenden Stoffen und kuschelige Decken sehen schön aus und laden ein, es sich gemütlich zu machen. Den Wert von Familienbesitz sollte man nicht unterschätzen. Dabei geht es gar nicht um kostbare Erbstücke, sondern um Dinge, die eine Geschichte erzählen: Kinderbücher und altes Spielzeug, Fotos und Bilder von Vorfahren oder Brettspiele, die zu besonderen Gelegenheiten gespielt wurden. Jede Familie hat solche Lieblingsstücke. Verstecken Sie Ihre Schätze nicht, sondern bewahren Sie sie griffbereit auf. Weil sie so einzigartig und persönlich sind, machen sie jeden Raum ein bisschen freundlicher.

Herzlich willkommen

Ein freundliches Zuhause heißt jeden willkommen, der eintritt. Das bezieht sich natürlich auf seine Bewohner, aber Sie können auch viel dafür tun, dass sich Gäste bei Ihnen wohlfühlen. Besucher fühlen sich bei Ihnen »wie zu Hause«, wenn die Umgebung ihnen etwas Vertrautes vermittelt – sogar beim allererster Besuch. Das gelingt, wenn die Atmosphäre eine Verbundenheit mit der Umgebung ausstrahlt und außerdem Dinge vorhanden sind, die Gäste interessieren oder amüsieren.

In einem freundlichen Zuhause fühlen sich Gäste nicht fremd, selbst wenn sie nie zuvor zu Besuch dort waren. Sie fühlen sich wohl, und zwar zuerst in körperlicher Hinsicht. Das bedeutet, dass der Raum warm ist und dass sie einen bequemen Sitzplatz finden – keinen Sessel mit einem Berg alter Zeitungen. Dazu ein Tisch in angenehmer Höhe und gutes Licht – also Dinge, die Sie auch selbst brauchen, um sich zuhause wohlzufühlen.

Was dann ins Auge fällt, sollte auf Besucher eine beruhigende Wirkung haben. Für mich persönlich ist der einladendste Anblick – abgesehen von einem kühlen Glas Wein und einem bequemen Sessel – ein halb fertiges Puzzle. So ein Puzzle auf einem Tisch hat seinen ganz eigenen Charme. Kaum

jemand kann der Versuchung widerstehen, einfach hinzugehen und ein oder zwei passende Teilchen zu suchen. Allein die Tatsache, dass es da liegt, erzählt eine Menge über die Menschen, die in dieser Wohnung leben.

Bücher haben eine ganz ähnliche Wirkung. Nicht nur Bücherregale, sondern auch kleine, interessante Stapel auf Tischen und anderen Ablageflächen. Sie laden Gäste dazu ein, in ihnen zu blättern und einen Moment – oder auch länger – zu entspannen. Wenn Sie Besuch zum Essen eingeladen haben, decken Sie den Tisch liebevoll. Auch dadurch drücken Sie aus, dass Ihnen das Wohlergehen der Gäste am Herzen liegt. Wählen Sie interessantes Geschirr, hübsche Gläser, große Servietten, Blumen und Kerzen – also lauter Dinge, an denen Sie als Gast auch Freude hätten, mit denen Sie auch selbst gern begrüßt werden mögen.

Bei einer kleinen Gesellschaft ist es recht einfach, jeden Gast persönlich willkommen zu heißen. Aber auch bei einer größeren Party soll-

»Wenn Sie Besuch zum Essen erwarten, decken Sie den Tisch liebevoll. So drücken Sie aus, dass Ihnen das Wohlergehen der Gäste am Herzen liegt.«

ten Sie dafür sorgen, dass sich jeder gleich bei Ihnen wohlfühlt. Viele Menschen finden den Moment, in dem sie bei einer größeren Feier ankommen, besonders schwierig. Ich habe schon erlebt, dass Leute bei der Ankunft in einem vollen, unfreundlich wirkenden Raum kurzerhand umgekehrt und wieder nach Hause gegangen sind. Ob Gäste sich wohlfühlen, entscheidet sich oft in den ersten fünf Minuten.

Damit Ihre Gäste gern bleiben, sollten Sie dafür sorgen, dass Sie selbst oder jemand, der den Großteil der Gäste kennt, jeden Neuankömmling begrüßt. Nicht jeder besitzt genug Selbstsicherheit, um sich einfach unter eine Menge fremder Menschen zu mischen, die schon in Gespräche verwickelt ist. Bieten Sie jedem Neuankömmling sofort einen Begrüßungs-Drink an. Dafür sollte ein Tablett an der Tür bereitstehen. Manch einer muss sich angesichts vieler fremder Leute etwas Mut antrinken, und fast jeder hält sich gern an einem Glas fest.

Der erste Eindruck des Raums, in dem gefeiert wird, ist enorm wichtig. Dabei kommt das Licht zum Tragen. Dieser Aspekt wird oft vergessen. Manche Gastgeber meinen auch, dass helles Licht ideal ist, weil sich alle gut sehen können. Das ist ein fataler Irrtum. Festbeleuchtung, ob zum Essen für vier oder für eine große Party, sollte immer gedämpft sein. Je mehr Kerzen, desto besser. Sie zaubern eine interessante, etwas geheimnisvolle Atmosphäre und schmeicheln allen Gesichtern.

Eine Feier ist weniger für die Gastgeber da als für die Gäste. Achten Sie darauf, dass jeder Gast einen Gesprächspartner hat, sich leicht zurechtfindet und bei Bedarf Unterstützung bekommt. Dann wird sich jeder bei Ihnen willkommen fühlen.

Gut verstaut

Es ist wunderbar, wenn es für jedes Ding einen Platz gibt – und wenn jedes Ding an seinem Platz ist. Zugegeben, das ist ein eher privates Vergnügen, aber es vermittelt große Zufriedenheit. Um etwas zu finden, muss man wissen, wo man suchen muss. Und das ist mit ein bisschen Organisation und Ordnung viel einfacher.

»Erstaunlicherweise haben einige der effektivsten Stauraumlösungen eine lange Tradition. Eine davon ist die Speisekammer, die auch eine emotionale Rolle spielt.«

Stauraum muss auf Ihre Bedürfnisse zugeschnitten sein. Es spielt keine Rolle, wie viele Schubladen, Regale und Schränke Sie haben: Wenn Standort oder Größe nicht stimmen, haben sie keinen Wert. Bevor Sie überflüssigen Krimskrams aussortieren können, müssen Sie eine Bestandsaufnahme machen. Ähnlich verhält es sich beim Stauraum. Überlegen Sie zuerst, was verstaut werden muss, wie und wo. Man kann viel Zeit damit verbringen, in Katalogen spezielle Stauraumlösungen für alle Zwecke zu bewundern – von Nägeln und Schrauben bis zu Kleidung und Schuhen.

Durchdachter Stauraum macht es möglich, Gleiches bei Gleichem aufzubewahren: Kleidung, Lebensmittel, Geschirr und Gläser, Bettwäsche, Putzmittel und so weiter. Alles ist griffbereit am richtigen Platz. Dieser aufgeräumte Eindruck vermittelt ein beruhigendes Gefühl: Es ist alles in Ordnung.

Erstaunlicherweise haben einige der effektivsten Stauraumlösungen eine lange Tradition. Eine davon ist die Speise-

kammer, die auch eine emotionale Rolle spielt. Es tut gut zu wissen, dass reichlich Lebensmittelvorräte da sind: Sie wirken wie ein imaginärer Puffer, und man fühlt sich gegen unbekannte Gefahren und Übel gewappnet. Der Anblick von sorgfältig aufgereihten Dosen, Flaschen, Gläsern und Schachteln vermittelt ein Gefühl von Wärme und Behaglichkeit.

Obwohl heute die wenigsten Menschen ihren Vorrat vom eigenen Land ernten, empfinden wir die Vorstellung einer gut bestückten Speisekammer als angenehm. Einen separaten Raum gibt es in den wenigsten Wohnungen, aber letztlich geht es auch um das Konzept – dafür genügt ein geräumiger Schrank. Die perfekte Speisekammer ist kühl, trocken und relativ dunkel. Im Idealfall lässt sich auf Hüfthöhe eine Platte aus Stein oder Schiefer unterbringen. Dort sind Käse, Butter und kaltes, gegartes Fleisch besser aufgehoben als im Kühlschrank.

Von Zutaten, die Sie regelmäßig brauchen, sollten Sie immer genug in der Speisekammer haben. Außerdem ist eine gute Vielfalt an unterschiedlichen Lebensmitteln wichtig, um bei Bedarf schnell aus dem Vorrat eine Mahlzeit zaubern zu können. In vielen Kochbüchern ist eine Vorschlagsliste für einen Grundvorrat zu finden. Weil aber jeder andere Vorlieben und Gewohnheiten hat, liste ich hier einmal auf, was gerade auf den Regalen, in den Körben und auf der kühlen Granitplatte in meiner Speisekammer zu finden ist.

Die perfekte Speisekammer

In Weidenkörben:

Frisches Wurzelgemüse, Kartoffeln, Zwiebeln, Knoblauch, Ingwer

Trockenzutaten auf Regalen darüber:

Reis Arborio, Basmati, Langkorn-, Vollkornreis
Nudeln Spaghetti, Linguine, andere Formen
Hülsenfrüchte Puy-Linsen, Erbsen, Augenbohnen, Kichererbsen, Kidneybohnen
Zucker Haushaltsraffinade, brauner und Puderzucker
Mehl Type 405, Weizenvollkorn- und Buchweizenmehl
Nüsse und Trockenfrüchte Mandeln, Pinienkerne, Esskastanien, Steinpilze, Rosinen, Aprikosen, Dörrpflaumen
Salz und Gewürze Siedesalz und Meersalz, Pfefferkörner, ganze Gewürze
Tees schwarz, grün, Kräuter
Brühe (Instant) Huhn, Rind, Gemüse

Auf dem nächsten Regal stehen Gläser und Flaschen:

Öle Oliven-, Maiskeim-, Chili-, Walnuss- und Haselnussöl
Essig Malzessig, Sherry-, Rotwein- und Weißweinessig, Balsamico
Senf englischer, französischer, Senfpulver
Saucen Ketchup, Worcestersauce, Sojasauce, Chilisauce, schwarze Bohnensauce, Austern- und Fischsauce
Verschiedenes Konfitüren, Honig, heller und dunkler Sirup, Kaffee, Trinkschokolade, Kakao, Kapern, Cornichons, sonnengetrocknete Tomaten, Tomatenmark

Auf dem obersten Regal stehen Konserven:

Gemüse Tomaten (gewürfelt und passiert), Erbsen, weiße Bohnen, Mais
Suppen Consommée, Tomaten- und Pilzsuppe
Fisch geräucherte Muscheln, geräucherte Austern, Thunfisch, Sardellen

»Der Anblick akkurater Stapel sorgfältig zusammengefalteter Laken, Bettbezüge und Decken wirkt ungemein beruhigend. Versuchen Sie möglichst, Ihre Bettwäsche nach Art und Größe zu sortieren.«

Wenn die Speisekammer gut bestückt ist, brauchen Sie nur noch Eier, Butter, Käse und Milch, um schnell ein leckeres Essen auf den Tisch zu bringen.

Ebenso viel Tradition wie die Speisekammer hat der Wäscheschrank, der ganze Stolz der guten Hausfrau, der – so stellen wir es uns jedenfalls vor – immer nach Lavendel duftet. Warum auch nicht? Ein Lavendelsäckchen ist aus einem zusammengebundenen Taschentuch schnell gemacht. Wäscheschränke gibt es, seit Haushaltswäsche gewebt wird. Im Gegensatz zu heutigen Modellen hatten sie früher oft Türeinsätze aus Drahtgitter, durch die man den Inhalt sehen konnte.

Bett- und Tischwäsche wurde mit großem Respekt behandelt, in Briefen erwähnt, in Testamenten vererbt und vom frühen Mädchenalter an in der Aussteuertruhe gesammelt.

Auch heute schätzen wir schöne Haushaltswäsche. Der Anblick akkurater Stapel sorgfältig zusammengefalteter Laken, Bettbezüge und Decken wirkt ungemein beruhigend. Sortieren Sie Ihre Haushaltswäsche nach Typ und Größe. Beschriften Sie die Regale oder bewahren Sie kleinere Stapel in tiefen Schubladen auf. Lavendelsäckchen, die zwischen die Wäschestücke geschoben werden, verleihen ihnen einen zarten Duft. Zu demselben Zweck können Sie auch leere Parfümflacons verwenden.

Die nostalgische Romantik eines Wäscheschranks kann ein Haushaltsschrank nicht vermitteln, dafür ist er enorm praktisch. Er bietet Platz, um alle Putzmittel und nützliche Kleinigkeiten wie Glühlampen, Kerzen, Maßband, Staubwedel, Lappen, Verlängerungskabel, Sekundenkleber und einen Schraubendreher gesammelt und übersichtlich aufzubewahren.

Und es ist ein merkwürdig befriedigendes Gefühl, die Spezialglühlampe für die Lieblingsleuchte ohne langes Suchen zu finden. Wenn der Schrank groß genug ist, können Sie auch Handfeger und Schaufel, Staubsauger (samt Beuteln), Wischmopp und Eimer darin verstauen. Hängen Sie das Bügelbrett an die Innenseite der Tür, dann ist wirklich alles beisammen.

Nähen galt über Jahre als ziemlich altmodisch, aber in den letzten Jahren werden die Handarbeiten neu entdeckt und erobern sich auch in der Wohnung wieder einen festen Platz.

Zurzeit werden viele unterschiedliche Nähkästen angeboten. Sie bieten Platz für eine Auswahl von Garnrollen in verschiedenen Farben, Nadeln in mehreren Stärken, ein Nadelkissen für Stecknadeln mit bunten Köpfen, Stopfpilz, Fingerhut und Maßband, Scheren in zwei Größen, Knöpfe, Gummiband, Borten und Bänder. Ein gut ausgestatteter Nähkasten ist ein Beispiel für eine praktische, perfekt auf ihren Zweck abgestimmte Stauraumlösung – und natürlich ein ausgesprochen hübscher Anblick.

Sauber und gepflegt

Zu einem behaglichen Zuhause gehört auch Sauberkeit, denn kaum jemand findet Schmutz angenehm oder erheiternd. Dabei geht es nicht um klinische Sterilität, sondern einfach darum, dass es nicht unrein ist. Fast jeder findet eine schmuddelige Badewanne eklig. Der Anblick eines grauen Seifenrandes verursacht Gänsehaut, ganz zu schweigen von einem schmierigen, verstopften Abfluss.

> »Erledigen Sie bestimmte Hausarbeiten immer am gleichen Tag. Dadurch werden sie zum Selbstläufer und man vergisst sie nicht so leicht. Das entlastet und erleichtert.«

Alte Haushaltsratgeber forderten, dass das Haus blitzsauber sein und frisch duften sollte. Diese Ideale gelten noch heute. Wer in einem der zahlreichen Ratgeber früherer Zeit blättert, wird bald entdecken, dass unsere Vorfahrinnen die Hausarbeit durchdacht und methodisch anpackten. Häufig wurden verschiedene Arbeiten einzelnen Wochentagen zugeordnet. Traditionell war montags Waschtag, und am Dienstag wurde gebügelt. Mittwochs wurde genäht, donnerstags ging man auf den Markt, freitags wurde geputzt und samstags gebacken. Der Sonntag war dann der wohlverdiente Ruhetag. Das klingt anstrengend, andererseits breitet sich aber beim bloßen Lesen auch ein Gefühl der Ruhe aus, das auf der Ritualisierung und regelmäßigen Wiederholung beruht. Heute würden wir vielleicht eine andere Zeitfolge wählen, aber eine gewisse Organisation und Regelmäßigkeit hat dennoch ihren Wert.

Natürlich besitzen wir heute eine Menge Geräte, die uns die Arbeit erleichtern. Andererseits gab es bis ins 20. Jahrhundert hinein in vielen Familien Hausangestellte, die solche Arbeiten erledigten. Die Wunder der Haushaltstechnik mögen manchmal ihre Tücken haben, aber insgesamt ist der Haushalt für uns viel einfacher als die Arbeit der armen Hausmädchen vor hundert Jahren.

Die Pflichten der Hausmädchen waren in Handbüchern und Ratgebern recht genau beschrieben. Ein berühmtes Werk ist Mrs Beeton's *Book of Household Management*. Isabella Beeton vermarktete sich äußerst geschickt. Ihr Buch legte nahe, dass sie eine gütige alte Matriarchin mit jahrelanger Haushaltserfahrung war. Doch als sie im Jahr 1865 starb, war sie erst 28 Jahre alt – und seit neun Jahren mit dem Verleger Samuel Beeton verheiratet. Nach ihrem Tod überarbeitete der geschäftstüchtige Samuel das Buch und veröffentlichte weitere Ausgaben. Selbst nach seinem Tod im Jahr 1877 erschienen noch erweiterte Auflagen. Meine Ausgabe wurde kurz nach dem Ersten Weltkrieg veröffentlicht und erweckt den Eindruck, unter wohlwollender Führung der ersten Haushaltsgöttin entstanden zu sein. Selbst im frühen 20. Jahrhundert war in vielen mittleren Haushalten noch eine Köchin und ein Hausmädchen beschäftigt. Gleich nach dem Aufstehen hatte das Hausmädchen Küche, Küchentreppe und Zugänge zu säubern. Dann, noch ehe das Frühstück serviert wurde, war das Esszimmer an der Reihe. Der Teppich wurde aufgerollt, die Tischdecke ausgeschüttelt und gefaltet, der Boden gefegt (auf Teppichböden wurden vorher Teeblätter gestreut). Der Kamin wurde gereinigt und wieder angezündet, dann musste Staub gewischt und der Tisch gedeckt werden. Danach musste das arme Hausmädchen Diele und Eingangstreppe fegen und die Messingbeschläge der Haustür putzen. Auch Stiefel und Messer waren zu reinigen, bevor das Frühstück aufgetragen wurde – das Frühstück der Hausherren. Ihres kam später an die Reihe.

Andere tägliche Pflichten waren dem regelmäßigen Putzen der Räume übergeordnet. Die Schlafräume mussten abgestaubt, aufgeräumt, gefegt und gewischt werden, die Betten gemacht oder frisch bezogen, Nachttöpfe ausgeleert und Wasserkannen frisch gefüllt werden. Flure, Treppen, Wohnzimmer, Esszimmer und Küche mussten gefegt und gewischt werden. Außerdem musste sie das Silber putzen, aufräumen und abwaschen. Zu den abendlichen Aufgaben gehörte das Abräumen des Esstisches, und wenn die Arbeit des nächsten Tages vorbereitet war, durfte sie ins Bett gehen.

Von allen Haushaltspflichten hat sich der Waschtag in den letzten 20 Jahren stärker gewandelt als in den letzten 400 Jahren. Im 19. Jahrhundert war das Waschen eine große Aktion und harte Arbeit, für die wohlhabende Familien oft Waschfrauen engagierten. Der Arbeitsablauf folgte festen Regeln. Zuerst musste Wasser in die Küche oder Waschküche getragen (manchmal vom Brunnen) und in Zubern erhitzt werden. Während dieser Zeit wurde schmutzige Wäsche eingeweicht. Robustere Stücke wurden mit Bürsten oder einem Waschbrett bearbeitet, was viel Kraft kostete. Dann wurden Kleidung und Haushaltswäsche in die heißen Waschzuber

gelegt und mit speziellen Holzpaddeln in der Seifenlauge bewegt. Auch dies war eine anstrengende Arbeit. Wenn alles sauber war, musste gründlich gespült werden. Weißwäsche wurde oft noch gebleicht oder mit Wäscheblau behandelt, um Vergilbungen zu beseitigen. Dann wurde alles in einem anderen Zuber gestärkt und danach ausgewrungen. Nach dem Trocknen – bei ausreichend Platz und gutem Wetter im Freien – wurde die Wäsche zusammengelegt. Große Stücke wie Bettwäsche und Tischdecken wurden gemangelt, bis sie glatt waren und glänzten. Alles andere musste noch gebügelt werden.

Das war eine komplizierte Arbeit, die viel Geschick erforderte. In Katalogen aus dem 19. Jahrhundert kann man verschiedene Bügeleisentypen für unterschiedliche Zwecke studieren, vom einfachen Modell mit glatter Sohle, das auf dem

60 SAUBER UND GEPFLEGT

Küchenherd erhitzt wurde, bis zu „Poliereisen" mit gewölbter Fläche, die dem Stoff Glanz geben sollten, oder große Eisen mit einem hohlen Korpus, in den rot glühende Metallstücke gefüllt wurden. Es gab sogar Bügeleisen, die mit einem integrierten Gasbrenner beheizt wurden. Heizbare Zangen für zarte Rüschen und Kanten vervollständigten das Arsenal.

Immer mehr Gärtner verzichten heutzutage bewusst auf Kunstdünger und chemische Produkte zur Schädlingsbekämpfung, und auch im Haushalt ist ein Trend zu natürlichen Reinigungsmitteln zu beobachten. Ehe man Reinigungsmittel kaufen konnte, wurde natürlich vieles selbst gemacht – meist nach Rezepten, die über Generationen weitergegeben wurden. Viele unserer heutigen Putzmittel sind letztlich nur ein Ersatz für diese alten Rezepturen. Als solche Produkte auf den Markt kamen, nahmen viele Frauen die bequemen, gebrauchsfertigen Produkte in Flaschen begeistert

»Es macht schon ein bisschen zufrieden, aus natürlichen Zutaten ein Putzmittel zusammenzumixen, das tatsächlich funktioniert.«

an, und die selbst gemachten Mittel kamen aus der Mode. Leider enthalten viele moderne Reinigungsmittel gesundheitsschädliche Inhaltsstoffe, und ihr synthetischer Duft ist meist scheußlich. Kaum jemand möchte alle Reinigungsmittel, die im Haushalt benutzt werden, selbst herstellen, aber es macht schon ein bisschen zufrieden, aus natürlichen Zutaten etwas zusammenzumixen, das tatsächlich funktioniert. Diese Produkte sind erheblich preiswerter als gekaufte, sie sind umweltfreundlich, und vor allem riechen sie nicht nach dem, was ein Industriechemiker für den Duft alter Rosen oder – noch schlimmer – eines Frühlingsmorgens hält.

Die meisten traditionellen Zutaten, die heute für selbst gemachte Reinigungsmittel verwendet werden, sind nicht industriell hergestellt. Für einige Zwecke verwendete man allerdings vor hundert Jahren Stoffe, die wir heute mehr als bedenklich finden. Marmor reinigte man beispielsweise mit einer Mischung aus Schmierseife, ungelöschtem Kalk und Ätzkali. Flecken auf Tafelsilber beseitigte man mit einem in Schwefelsäure getupften Lappen. Ammoniak stand in jedem Haushalt parat, und eine Mischung aus ungelöschtem Kalk und Wasser wurde oft als Universalreiniger verwendet.

Beim Blättern in alten Haushaltsratgebern fällt auf, dass bestimmte Zutaten immer wieder auftauchen, vor allem Essigessenz, Salz, Natron und Borax. Aus ihnen lassen sich verschiedene gut wirksame Reinigungsmittel herstellen – ganz ähnlich, wie man aus relativ wenigen Gewürzen nur durch Veränderung der Mengenanteile viele unterschiedliche Currymischungen herstellen kann. Die Verwendung solcher Reinigungsmittel ist seltsam befriedigend. Man kann beispielsweise zuschauen, wie angelaufenes Tafelsilber blank wird, wenn man es mit locker zerknüllter Alufolie, Essigessenz und einer Prise Natron in eine flache Schüssel legt!

Traditionelle Reinigungsmittel setzen auf die sauren und alkalischen Eigenschaften der Zutaten. Durch Säure wirken beispielsweise Zitronensaft und Essigessenz, alkalische Reinigungsmittel sind Natron, Borax, Speisestärke, Sodawasser, Weinsteinsäure und Salz. Auf der übernächsten Seite finden Sie einige der gebräuchlichsten Rezepturen. Es gibt noch viele andere. Wenn Sie mit diesen gut zurechtkommen, forschen Sie ruhig weiter. Das macht fast so viel Spaß wie das Kochen und ist wesentlich einfacher. Um die Mitte des 20. Jahrhunderts erschienen zahlreiche Bücher mit Haushaltstipps. Vielleicht brauchten die Hausfrauen der Nachkriegszeit, die

keine Hausangestellten hatten, etwas Nachhilfe. Darum möchten wir in diesem Buch einige alte, aber verblüffend wirkungsvolle Tipps vorstellen.

»Sie brauchen nur wenige Grundzutaten, um verschiedene praktische und wirkungsvolle Reinigungsmittel selbst zu machen.«

Eine bunte Auswahl von Haushaltstipps (nicht getestet!)

- Damit Kuchen nicht verbrennt, eine flache Schale mit Salz auf den Backofenboden stellen.

- Um fest sitzende Glasstöpsel zu lösen, etwas Essigessenz daraufgießen und drehen.

- Grasflecken mit etwas Sirup einreiben, dann das Kleidungsstück in lauwarmem Wasser auswaschen.

- Kerzen tropfen nicht, wenn man vor dem Anzünden etwas Salz um den Docht streut.

- Ist eine Kerze zu dick für den Leuchter, das Ende in heißes Wasser tauchen, bis es etwas weich wird.

- Teekessel werden sauber, wenn man Kartoffelschalen einfüllt und kräftig im Wasser kochen lässt.

- Als Abdeckung für Einmachgläser passende Kreise aus Butterbrotpapier zuschneiden, in eine Schale mit etwas Milch legen und ausdrücken. Dann auf die gefüllten Gläser legen und rundherum andrücken. Kurz danach ist das Glas luftdicht verschlossen – ganz ohne Band.

- Dicke Stoffe wie Drell und Segeltuch lassen sich leichter nähen, wenn man die Nahtlinien vorher mit Seife einreibt: Die Nadel rutscht dann besser.

- Zwiebelgeruch verschwindet von Messern, wenn man die Klinge eine Zeit lang in einen Topf mit Erde steckt.

- Tischdecken und Servietten mit Tee- oder Kaffeeflecken in Kochwasser von Kartoffeln einweichen, dann ganz normal waschen.

Dafür eignet sich Natron:

Gegen schlechten Mülleimergeruch etwas Natron auf den Boden streuen oder in einem Schälchen aufstellen.

Zum Säubern der Spüle etwas Natron hineinstreuen, einige Minuten einwirken lassen, leicht scheuern, dann nachspülen.

Zum Putzen von Silber eine Paste aus drei Teilen Natron und einem Teil Wasser anrühren, die Teile damit einreiben, abspülen und mit einem weichen Tuch abtrocknen.

Um Abflüsse zu reinigen 55 g Natron und etwas Essigessenz mischen, 5 Minuten einwirken lassen, dann mit heißem Wasser nachspülen.

Gegen muffigen Teppichgeruch Natron aufstreuen, 15 Minuten einwirken lassen, dann absaugen.

Als WC-Reiniger 115 g Natron auf die Beckenwände streuen, nach einigen Minuten 125 ml Essigessenz zugießen 15 Minuten einwirken lassen, bürsten und spülen.

Dafür eignet sich Essigessenz:

Essigessenz ist ein prima Fettlöser und eignet sich darum gut gegen Küchenschmutz. Als Univer-salreiniger mit Wasser mischen und in eine Sprühflasche füllen. 125 ml Essigessenz und 1,2 Liter Wasser sind ein gutes Verhältnis.

Zum Fensterputzen 225 ml Essigessenz mit 1,2 Litern Wasser mischen, auf die Scheibe sprühen und mit Zeitungspapier nachwischen (das im Gegensatz zu Tüchern nicht fusselt).

Gegen Zwiebel- und Knoblauchgeruch die Hände nach dem Schneiden mit Essig abwischen.

Als WC-Reiniger unverdünnte Essigessenz ins Becken sprühen und mit der Bürste nachreinigen.

Angebranntes lässt sich mit Wasser und etwas Essigessenz aus Töpfen loskochen.

Zum Entkalken von Teekesseln eine Mischung aus Essigessenz und Wasser (1:1) aufkochen.

Brandspuren auf der Bügeleisensohle mit einer Paste aus Essigessenz und Salz einreiben.

Gegen Rauch- und Essensgerüche eine oder mehrere Schälchen mit Essigessenz füllen und im Raum aufstellen.

Rotweinflecken mit einem Schwamm und unverdünnter Essigessenz betupfen.

Dafür eignet sich Borax:

Borax ist alkalisch und löst fettigen Schmutz gut. Es wirkt antibakteriell und bleichend, darum wird es traditionell zum Waschen benutzt. Es gibt aber noch andere Verwendungen.

Zur Verbesserung der Waschwirkung zu jeder Maschinenfüllung 15 g Borax geben.

Stoffwindeln in einem Eimer mit warmem Wasser und 15 g Borax bleichen und desodorieren.

Als Fleckentferner eine Paste aus 1 Esslöffel Borax und 6 Esslöffeln Wasser mischen, auftupfen und normal waschen.

Zur Kühlschrankreinigung 1 Esslöffel Borax in 300 ml warmem Wasser auflösen. Den Kühlschrank damit auswischen.

Als Fugenreiniger eine Paste aus Borax und Wasser mischen, auftragen und mit einer Zahnbürste entfernen.

SAUBER UND GEPFLEGT

Textilien

Kein Element der Wohnung vermittelt so viel Behaglichkeit wie Textilien. Sie wirken in jedem Raum warm, einladend und dekorativ. Vorhänge, Bezüge, Kissen und Tücher, einfarbig oder gemustert, aus Baumwolle, Seide, Leinen oder Wolle – die Bandbreite ist so groß, dass man sich manchmal schwer entscheiden kann. Aber da es in diesem Buch ja darum geht, das Vorhandene zu nutzen, um die Wohnung behaglich und einladend zu gestalten, schauen Sie sich zuerst einmal in Ihren Schränken um.

Ich muss zugeben, dass ich eine Schwäche für Textilien habe. Am liebsten würde ich alles behalten, was mir in die Hände fällt. Ich besitze mehrere Garnituren wandgroßer Chintzvorhänge, manche davon 30 Jahre alt. Chintz wird bestimmt irgendwann wieder modern, dann bin ich gut gerüstet. Auch große Reststücke der Stoffe von neueren Vorhängen und Bezügen habe ich aufbewahrt, um daraus vielleicht einmal Stuhlkissen zu nähen. Dann ist da noch ein Regal voller alter Textilien, darunter Paisleys und bedruckte Schals von Flohmärkten und Trödlern. Das sind meine Lieblingsstücke, denn jedes ist ein Unikat. Die Farbkombinationen sind ungemein interessant, und ganz gleich, wofür man sie benutzt, sie sehen immer einzigartig aus.

Außerdem habe ich ein ausgeprägtes Faible für alte Quilts – sowohl einfarbige, auf denen die manchmal kunstvolle Stepperei die Hauptrolle spielt, als auch Patchwork-Quilts. Mir gefallen die europäischen und die amerikanischen Varianten, nicht nur die großen Decken mit traditionellen Mustern wie Blockhaus oder fliegende Gänse, sondern auch die eher zufälligen, unregelmäßigen Designs.

Es ist kein Wunder, dass ich mir viele Gedanken über fantasievolle Gestaltungsmöglichkeiten mit all den Textilien gemacht habe, denn ich möchte sie ja sehen und nicht im Schrank verstecken. Während einer Phase der Quilt-Kauflust besuchte ich oft Auktionen und kaufte zwei oder mehr gleiche Quilts, um daraus eine Decke für ein bestimmtes Bett zu nähen. Natürlich wurden nicht alle verarbeitet. Also erfand ich andere Verwendungen, nähte aus einem Kissen für das Schlafzimmer und aus einem anderen Kissen für einen Fenstersitz. (Wer Quilts zerschneiden will, kann auch Decken mit schadhaften Stellen verwenden.) Diese Sitzkissen sind wegen der Wattierung ausgesprochen bequem. Teile von Quilts oder alten Paisley-Tüchern eignen sich auch gut

»Aus alten Quilts kann man Kissen für das Schlafzimmer oder einen Fenstersitz nähen oder Bezüge für Polsterhocker zuschneiden. Auf der Wattierung sitzt man angenehm weich.«

zum Beziehen von Polsterbänken oder Hockern oder sogar als Tischdecke – vielleicht mit einer kleineren Decke obendrauf. Weil sie aus Baumwolle bestehen, können sie problemlos lauwarm gewaschen werden. Ein alter Quilt bekam eine zweite Chance als Picknickdecke. Für diesen Zweck sind alte Quilts mit Baumwollwattierung ideal, die die Feuchtigkeit des Grases nicht so leicht durchdringen lassen. Außerdem sitzt man auf dem glatten, kühlen Baumwollstoff angenehmer als auf einer kratzigen Wolldecke. Gefaltete Quilts sehen auf dem Fußende eines Betts hübsch aus und sind natürlich auch praktisch in kalten Nächten.

Wenn ich ein Paar hübscher, alter Baumwollvorhänge sehe, greife ich gern zu. Ein besonders schönes Paar aus dem 19. Jahrhundert habe ich auf dem Flohmarkt in der Portobello Road ergattert. Fast zehn Jahre lang wartete es auf seinen großen Auftritt, dann zog ich in eine Wohnung mit einem Fenster in der passenden Größe. Nun habe ich sie mit einem idealen Faltrollo kombiniert und erfreue mich jeden Morgen an ihnen. Alte Vorhänge und kleine Quilts können Sie auch falten und auf die Sitzpolster eines Sofas legen oder über den Rücken herabhängen lassen.

Kleinere Stoffstücke eignen sich gut zum Polstern. Es war einmal ganz üblich, Sofas und Sessel mit mehreren Stoffen zu beziehen, vielleicht einem Damast für den Sitz, einem bedruckten Stoff für Seiten und Armlehnen und einem dunklen

»Schöne Textilien sollten Sie nicht verstecken. Viel wirkungsvoller ist es, sie so zu präsentieren, dass sich jeder an ihnen erfreuen kann.«

Baumwollstoff für die zur Wand gedrehte Rückseite. Dieses Thema lässt sich endlos variieren. Grenzen setzen nur Ihre Fantasie und Ihr persönlicher Stoffvorrat.

Kissen jeder Form und Größe sind wie geschaffen, um Sessel und Sofas aufzupeppen. Selbst kleine Stoffreste sind noch groß genug für eine Seite eines Bezugs, das Mittelteil einer größeren Hülle oder eine Applikation. Gut gearbeitete, aber langweilige Kissen sehen mit aufgenähten Borten und farblich abgestimmten Applikationen im Handumdrehen ganz anders aus, und Spaß macht diese Art der Resteverwertung obendrein.

Lampenschirme kann ich nicht beziehen, aber wenn ich es könnte, würde ich gern leichte Schals oder Saristoffe nehmen, die Licht durchscheinen lassen, und diese entweder straff um das Gestell spannen oder eher locker wie einen gekräuselten Rock drapieren und mit Borten, Bändern oder Perlen dekorieren.

Schöne Textilien sollten Sie auf keinen Fall verstecken. Viel wirkungsvoller ist es, sie so zu präsentieren, dass sich jeder an ihnen erfreuen kann.

Liebe zum Detail

Persönliche Lieblingsstücke, die Erinnerungen und schöne Assoziationen wecken, gehören unbedingt in ein behagliches Zuhause. Ihre Wohnung sollte wie ein großes Ganzes wirken, das sich aus vielen Details und individuellen Stücken zusammensetzt. Es gibt nichts Persönlicheres als die ureigene Sammlung von Bildern, Fotos oder Geschirr, deren volle Bedeutung nur Sie und Ihre enge Familie kennen. Oft sind es gerade solche Lieblingstücke und die Art, wie sie präsentiert werden, durch die Sie sich und Ihre Art zu leben ausdrücken.

Wenn Menschen durch einen Raum gehen, schauen sie sich um. Sorgen Sie daher dafür, dass sich der Weg durch Ihre Räume für Besucher lohnt: Geben Sie ihnen interessante und amüsante Details zum Anschauen.

Es ist schön, in einer Wohnung eine kleine Sammlung von Lieblingsstücken der Bewohner zu sehen. Kürzlich entdeckte ich eine Gruppe von Äpfeln und Birnen aus ganz verschiedenen Materialien: poliertes Holz, Gips, handbemaltes Porzellan und Klarglas. Sie lagen in einer flachen Schale auf einem kleinen Tisch, der unter dem Fenster stand – im Licht, sodass man sie genau sehen und sich an ihnen freuen konnte. Diese Freude spürte auch ich bei ihrem Anblick. Ähnlich ist es mit Familienfotos, die Besuchern Einblicke in Ihr Leben geben. Welche – das bestimmen Sie natürlich.

Ein besonderes Thema sind Bilder. Ein Raum mit leeren Wänden wirkt kalt und kahl, aber wenn es um die Präsentation von Bildern geht, sind viele Menschen unsicher. Die meisten kaufen Bilder eher spontan und unsystematisch, beginnen vielleicht mit einer kleinen Sammlung und hängen weitere auf, wo gerade Platz ist. So kommen sie nicht immer gut zur Geltung. Die meisten Bilder wirken besser, wenn sie zu Sammlungen oder Gruppen zusammengefasst werden. Solche Gruppen sollten ein gemeinsames Element besitzen. Das kann das Motiv oder das Malmedium sein, aber auch die Größe oder sogar der Rahmen.

Überlegen Sie einmal, alle Bilder von den Wänden zu nehmen, zu ansprechenden Gruppen zu ordnen und dann wieder aufzuhängen – vielleicht an anderen Wänden oder sogar in anderen Räumen. Achten Sie auf ausgewogene Zwischen-

»Die meisten Bilder wirken besser, wenn sie zu Sammlungen oder Gruppen zusammengefasst werden. Solche Gruppen sollten ein gemeinsames Element besitzen.«

räume und darauf, dass die Unterkante tief genug hängt, um in Beziehung zu den darunter befindlichen Elementen zu treten.

Am einfachsten ist es, Bilder auf den Boden oder einen Tisch zu legen und verschiedene Anordnungen auszuprobieren. Wenn Sie zufrieden sind, skizzieren oder fotografieren Sie die Anordnung. Wenn Sie sich für diesen Vorgang Zeit nehmen, werden Sie Ihre Bilder neu entdecken und wieder mehr Freude an ihnen haben. Das nehmen auch Ihre Besucher wahr.

Spiegel werden oft ebenso wie Bilder angeordnet oder in Bildergruppen integriert. Sie eignen sich aber auch gut, um die Wahrnehmung von Größe und Proportionen eines Raums zu beeinflussen, um Licht in dunkle Ecken zu lenken oder den Blick von einem Bereich zum anderen zu führen.

Neben Kissen, persönlichen Sammlungen, dekorativen Tischlampen und Leuchtern gibt es noch viele Details, die Ihre Wohnung behaglicher machen. Eine Schale mit frischem Obst sieht schön aus und duftet appetitlich. Blumen sollten auf keinen Fall fehlen – eine Vase, ein Krug, eine Kaffeetasse, Blütenzweige, ein dicker Strauß Gartenblumen, eine einzelne Tulpe in einer Flasche. Blumen verraten, dass eine Wohnung benutzt, geliebt und gern mit anderen geteilt wird.

DIE RÄUME

Nachdem wir uns mit den Grundprinzipien befasst haben, ist es nun an der Zeit, die einzelnen Räume anzuschauen, die ja die Teile eines großen Ganzen sind. In den folgenden Kapiteln des Buches sehen Sie, wie sich jeder Raum der Wohnung – vom Flur über Küche und Wohnzimmer bis zu den Schlafräumen – einfach und wirkungsvoll aufpeppen lässt. Viel Aufwand oder große Ausgaben brauchen Sie nicht zu befürchten, aber wenn Sie etwas Überlegung und Fantasie investieren, werden Sie mit einem attraktiven, warmen, freundlichen und behaglichen Zuhause belohnt.

DIESE SEITE In eine ungenutzte Nische dieses hellen Flurs wurde eine Truhenbank eingebaut, unter deren Deckel allerlei Nützliches verschwindet. Bunte Kissen und eine Gruppe von Laternen verbreiten wohnliche Atmosphäre.

OBEN Der antike Metallständer mit verschiedenen Blumen und Pflanzen ist ein schöner Farbtupfer in diesem hellen Flur.

RECHTS Um in dem kleinen Flur Platz zu sparen, wurde eine alte Truhe unter einen schmalen Tisch gestellt, der als praktische Ablagefläche für allerlei Kleinigkeiten dient.

Der einladende Flur

Die Wichtigkeit des ersten Eindrucks ist uns allen bewusst (auch wenn er nicht immer stimmt). In der Wohnung fällt dem armen, kleinen Flur die ganze Zuständigkeit für die schwierige Aufgabe zu, auf den ersten Blick ein Gefühl von einladender Gastfreundschaft zu vermitteln.

Selbst mit viel gutem Willen ist es nicht leicht, einen Flur ansprechend zu gestalten, der ja normalerweise als Stauplatz für Jacken, Mäntel, Schuhe, Schirm, Schlüssel und Post dient. Es ist aber möglich. Versuchen Sie, sich den Flur als Mischung aus Stauraum und Präsentationsbereich vorzustellen. Diese beiden Aspekte können einander ergänzen. Denken Sie zuerst über Dekor und Beleuchtung nach. Natürlich sollte ein Flur hell sein, aber eine einsame grelle Deckenleuchte ist die schlechteste Lösung. Wandleuchten, Dimmer und Tischleuchten können den Flur von einem Durchgang in einen wohnlichen Raum verwandeln.

Auch die Farbe ist wichtig. Ein dunkler Flur muss nicht unbedingt hell gestrichen werden. Oft wirken kräftige, warme Farben interessanter und vor allem heimeliger. In praktischer Hinsicht geht es an erster Stelle um den Stauraum. Sie brauchen Garderobenständer, Haken für Jacken und Hüte, Kästen, Körbe oder Regale für Schuhe, Stiefel, Handschuhe und Schals, Schubladen und mindestens eine Ablagefläche für Schlüssel, Briefe und andere Kleinigkeiten. All das kann gut und einladend aussehen, wenn es seinen passenden Platz bekommt.

Wenn die praktischen Aspekte geklärt sind, wenden Sie sich dem zweitwichtigsten Punkt zu: den Wänden. Was halten Sie von einer Kunstgalerie? Bildergruppen auf den freien Wandflächen können den Blick in die Wohnung führen. Sie könnten auch eine Familiengalerie mit Fotos, Zeichnungen und Erinnerungsstücken an die Wand hängen oder auf einem schmalen Regal arrangieren, das sich über die ganze Wand zieht. Wenn der Flur groß genug ist, kann er auch mit Wänden voller Bücherregale und vielleicht einigen Bildern als Bibliothek dienen. Wichtig ist, dass der Flur Besucher auf irgendeine Weise anspricht oder amüsiert. Dadurch wird vermittelt, dass dies ein gastfreundliches Haus ist.

OBEN Der konvexe Spiegel und die beiden Wandblaker sind so dekorativ wie praktisch. Der warme Ockerton der Wände harmoniert gut mit der Farbe des lackierten Holzbodens.

RECHTS Obwohl bei der Gestaltung dieser Ecke praktische Aspekte im Vordergrund stehen, wirkt sie ausgesprochen dekorativ und originell.

DIESE SEITE Dieser Flur beweist, dass auch ganz unterschiedliche (nützliche und rein dekorative) Dinge mit etwas Fantasie und Feingefühl zu einer originellen Gruppe arrangiert werden können.

LINKS Bequeme Holzstühle, ein Tisch mit gescheuerter Platte und eine alte Anrichte mit schlichtem Geschirr und Gläsern: In so einer Umgebung bleibt man gern länger sitzen.

RECHTS Ein traditioneller Küchenherd und ein Tisch mit einer hübschen Decke und Blumen machen diese Küche gemütlich.

Die gemütliche Küche

Eine gemütliche Küche als Zentrum des Familienlebens ist ein wichtiger Gegenpol zur Hektik des Alltagslebens – und sie muss nicht einmal groß sein.

Begriffe wie »Slow Food« oder »Essen für die Seele« sind heute in aller Munde. Daran lässt sich ablesen, wie wichtig die Küche für unser Wohlbefinden ist. Es ist ein herrliches Gefühl, schon beim Betreten des Flurs den Duft eines herzhaften Rinderbratens zu riechen. Auch beim Anblick eines selbst gebackenen Kuchens auf dem Küchentisch oder einer Schale voller Orangen fühlt sich jeder – Bewohner wie Gäste – gleich willkommen. Gerade die Küche, die viele unserer sinnlichen Bedürfnisse befriedigt, sollte gemütlich sein und in jeder Hinsicht Behaglichkeit ausstrahlen.

Damit ist in erster Linie gemeint, dass die Küche selbst ein angenehmer, sympathischer Raum sein sollte. Dafür spielt es keine Rolle, ob sie modern oder traditionell eingerichtet ist.

UNTEN Moderne Details und neueste Technik sucht man in dieser praktischen, behaglichen Küche vergeblich. Trotzdem wird sie ihrem Zweck über viele Jahre gerecht werden.

RECHTS Auch in einer ganz modernen Küche kann eine Mischung aus traditionellen Formen und Mustern heimelige Stimmung verbreiten.

GANZ RECHTS Hier wurden moderne Geräte und traditionelles Design gekonnt gemixt. Vor allem die Kombination aus Holz und Keramik gibt dem Raum seinen wohnlichen Charakter.

Natürlich steht die Zweckmäßigkeit im Vordergrund, denn die Zubereitung der Mahlzeiten soll ja Freude machen und keinen Stress verursachen. Wichtig ist also, dass die Arbeit leicht von der Hand geht und für genug Bewegungsfreiheit gesorgt ist. Eine Küche, in der man zwischen Bergen von Töpfen und Geschirr ein Navigationsgerät braucht, ist nicht gemütlich. Achten Sie lieber darauf, dass alles seinen Platz hat – und dass auch alles an seinem Platz aufbewahrt wird.

In gestalterischer Hinsicht haben sich Küchen in den letzten Jahrzehnten merklich verändert. Als um die Mitte des 20. Jahrhunderts die ersten modernen Einbauküchen auf den Markt kamen, betrachtete man die Küche nicht als Familienbereich, sondern als Arbeitsraum, in dem hinter geschlossenen Türen die Mahlzeiten zubereitet wurden, um dann pünktlich und komplett auf den Tisch getragen zu werden. Inzwischen hat sich der Lebensstil aber verändert und unsere Gewohnheiten haben sich gelockert. Dadurch hat die

DIESE SEITE Der Traum jeder Hausfrau: eine geräumige Küche, in der alles griffbereit verstaut ist. Auf offenen Regalen hat man die dekorativen und zweckmäßigen Utensilien immer im Blick.

Küche als Lebens- und Familienbereich an Bedeutung gewonnen, und das wird heute auch bei Design und Planung berücksichtigt. Die Küchen sind größer geworden, schließen sich oft nahtlos an einen geräumigen Ess- und Wohnbereich an oder grenzen unmittelbar an einen separaten Essplatz. Früher lag der Küchenplanung ein ergonomisches Prinzip zugrunde: das Arbeitsdreieck, in dem Herd, Kühlschrank und Vorbereitungsfläche an den Spitzen eines gedachten Dreiecks lagen. Heute werden die Arbeitsbereiche vielseitiger konzipiert, oft haben sie auch mehrere Funktionen und stehen in praktischer und gestalterischer Hinsicht in Beziehung zu anderen Teilen des Raums.

Die Beliebtheit von Kücheninseln zeigt, dass eine flexible Küchengestaltung hoch im Kurs steht. In einer modernen Küche stellt ein Inselelement mit einer breiten Arbeitsplatte, die gleichzeitig als Tresen und als Arbeitsfläche genutzt werden kann, ein Bindeglied zwischen den praktischen und dekorativen Aspekten des Raums dar. Noch raffinierter sind Inselelemente mit Arbeitsflächen in zwei verschiedenen Höhen. Dort können Gäste an der höheren Seite Platz nehmen und mit dem Koch plaudern, der auf der anderen Seite beschäftigt ist. In diesen niedrigeren Teil

OBEN RECHTS In der schlichten, aber sehr praktischen Küche hängen Kochgeräte an einer Metallstange. Gestreifte Vorhänge verstecken Stauraum unter den Arbeitsflächen.

RECHTS Selbst eine winzige Küche mit Dachschrägen kann praktisch und gemütlich sein, wenn genug Stauraum für Vorräte und Utensilien eingeplant ist …

der Insel kann beispielsweise ein Kochfeld oder ein Spülbecken eingebaut sein.

In einer großen Küche stellt ein Tisch, an dem man essen oder auch einfach sitzen und plaudern kann, einen behaglichen Anziehungspunkt dar. Achten Sie unbedingt darauf, dass ausreichend Stühle – auch für spontane Besucher – vorhanden sind und dass diese bequem genug sind, um lange sitzen zu bleiben.

Die Einrichtung der Küche spielt für die Behaglichkeit eine große Rolle. Ganz oben auf der Liste steht Holz, das in modernen Küchen ebenso sympathisch wirkt wie in traditionell eingerichteten. Es ist ungemein vielseitig, eignet sich für Schränke und Arbeitsflächen gleichermaßen gut und wirkt durch seine lebendige Ausstrahlung warm und heimelig. Die Zeit, in der abgebeizte Kiefernholzmöbel groß in Mode waren, ist vorbei.

OBEN In dieser kleinen, einladenden Familienküche hängen bunte Kinderzeichnungen an den Wänden. Stuhlpolster, Tischsets und Geschirr steuern viele fröhliche Farbtupfer bei.

OBEN RECHTS Hübsche Küchenutensilien sollten Sie nicht in Schränken verstecken. Ihr Anblick verbreitet gute Laune und lässt die Küche wohnlicher und behaglicher wirken.

GANZ RECHTS Einen kunterbunten Mix aus Küchengerätschaften und Geschirr, hübsch arrangiert auf offenen Regalen, findet jeder heimelig und ansprechend.

DIESE SEITE Holz geht immer. Die Kombination aus schlichten Schränken mit traditionellen Beschlägen und dem großen Keramikspülbecken wirkt rustikal und sympathisch.

Dabei können sie durchaus schön aussehen, wenn man sie sparsam einsetzt und auf verstaubte Trockenblumen-Dekorationen verzichtet. Heute werden Küchenmöbel aus so vielen verschiedenen Holzarten angeboten, dass sich für jeden Stil und Geschmack etwas Passendes findet. Naturbelassenes Holz, massiv oder furniert, gibt es in vielen Farbtönen, die durch eine Behandlung mit Wachs oder Lack noch ausdrucksvoller werden. Alternativ können Holzmöbel auch farbig gestrichen und nach Belieben dekoriert werden. Richtig behandeltes Holz ist langlebig, strapazierfähig, pflegeleicht und wird mit den Jahren immer schöner. Verschiedene Holzarten lassen sich gut miteinander kombinieren, beispielsweise für Arbeitsflächen und Schrankfronten. Aber Holz verträgt sich auch mit anderen Materialien wie Granit, Edelstahl, Corian oder Marmor, und sein Charakter wird durch solche Kontraste oft noch betont.

Die Farben, die für die Raumgestaltung gewählt werden, haben großen Einfluss auf seine Ausstrahlung. Das gilt besonders in der Küche, in der eine Menge zweckmäßige Elemente notwendig sind. Viele Menschen entscheiden sich darum für eine neutrale Hintergrundfarbe und beschränken sich auf bunte Details wie Lebensmittelverpackungen und Obst, Blumen und Kräuter, Tischdecken, Geschirr oder Gläser. Wer farbige Wände bevorzugt, ist in der Küche mit frischen, warmen Tönen gut beraten, beispielsweise sonnigem Gelb, bräunlichem Rosa, frischem Türkis oder Frühlingsgrün.

Eine behagliche Küche ist fast immer dekorativ. Das liegt weniger an der Tapete oder dem An-

OBEN LINKS Hier wurden gestrichene Einbauelemente aus Holz mit einem offenen Regal kombiniert, auf dem eine dicke Holzplatte mit deutlichen Gebrauchsspuren ruht. Obst und Gemüse liegen griffbereit in Körben.

OBEN RECHTS In dieser Küche kommt Holz in vielen Varianten zum Einsatz: vom klar lackierten Dielenboden über den gestrichenen, etwas abgewetzten Tisch bis zur originellen, antiken Standuhr.

LINKS Weidenkörbe sind praktisch und sehen schön aus. Hier machen sie sich in einem offenen Regal nützlich – mal allein, mal mit anderen Utensilien kombiniert.

RECHTS An einem Ende dieser großen Küche wurden moderne Elemente eingebaut, in der Mitte befindet sich ein Inselelement mit Barhockern. Ein großer Holztisch für die ganze Familie nimmt den restlichen Raum ein.

strich, sondern an den interessanten und attraktiven Kleinigkeiten. Manche haben eine praktische Funktion, andere sind einfach nur schön. Selbst Küchen, die von einem Fachmann eingerichtet wurden, erwecken nicht den Eindruck, als wenn sie bis ins Detail durchgestylt sind. Es hat eher den Anschein, als ob manche Dinge – notwendige, praktische und dekorative – nur deshalb dort stehen, weil der Benutzer der Küche sie gern um sich hat. Das können schöne Gläser oder originelle Geschirr-Einzelstücke sein, aber auch dekorative Rührschüsseln, Vorratsbehälter, Holzlöffel oder vielleicht eine alte Waage. Bücher (nicht nur Kochbücher), Bilder, Pflanzen und frisches Obst oder Gemüse tragen ebenso zur Behaglichkeit der Küche bei. Zum liebevoll gedeckten Tisch gehört eine schöne Tischdecke mit fröhlich bunten Servietten. Beides sollte aber sauber sein, denn ein fleckiges Tischtuch wirkt kein bisschen behaglich. Wenn dann auch bei der Auswahl von Gläsern und Geschirr nicht nur auf die Zweckmäßigkeit, sondern auch auf das Aussehen geachtet wird, ist die gemütliche Küche komplett.

Bei allen Gedanken, die Sie sich über die Gestaltung Ihrer Küche machen, sollten Sie den wichtigsten Aspekt nicht vergessen: Lebendig wird die

DIESE SEITE Eine simple, aber ordentliche Stauraumlösung für die ganz in Weiß gestaltete Küche ist so ein blütenweißer Vorhang, der mit kontrastfarbigen Schleifen an einer Metallstange aufgehängt ist.

Küche erst, wenn man spürt, dass hier tatsächlich gekocht wird. Manche Menschen finden die Vorstellung, dass das Kochen zum täglichen Leben gehört, eher einschüchternd. Man muss aber kein Sternekoch sein, um gut zu kochen. Wichtig ist vor allem, gute und schlechte Zutaten unterscheiden zu können. Für den Anfang genügt es völlig, einige wenige Rezepte zu beherrschen, an deren Zubereitung Sie Freude haben und die allen gut schmecken. Je öfter Sie ein Gericht kochen, desto besser wird es Ihnen gelingen, und desto leichter geht es von der Hand. Es gibt viele Rezepte, die absolut narrensicher sind. Man braucht kein Kochgenie zu sein, um ein paar Zweige Estragon und ein Stück Butter in ein Hähnchen zu schieben und den Vogel dann eine Stunde im Ofen zu braten. Auch Kochmuffel schaffen es, eine Zwiebel und etwas Knoblauch in Olivenöl anzudünsten, Tomaten (frisch oder aus der Dose) zuzugeben und alles eine halbe Stunde köcheln zu lassen. Danach brauchen Sie die Tomatensauce nur über Spaghetti zu löffeln und etwas Parmesan darüber zu reiben. Solche einfachen Gerichte aus frischen, hochwertigen Zutaten sind gemeint, wenn von »Essen für die Seele« die Rede ist. Kompliziertes wie Julienne von diesem an einem Sößchen von jenem können Sie getrost den Restaurantköchen überlassen.

UNTEN LINKS Textilien machen jede Küche gemütlicher. Hier wurde gekräuselter Stoff hinter den Glastüren angebracht. Hinter den Vorhängen verstecken sich offene Regale.

UNTEN RECHTS Dass in dieser Küche gelebt wird, verraten die Bilder, die vielen Pflanzen und der geparkte Roller.

RECHTS Hunde-Gemütlichkeit vom Feinsten.

GANZ RECHTS Selbst das allersimpelste Couchtisch-Modell – die sprichwörtliche Jaffakiste – lässt sich mit einer schönen weißen Decke in ein geradezu elegantes Möbelstück verwandeln.

UNTEN Kaminholz in einem Weidenkorb strahlt viel Behaglichkeit aus und verheißt ruhige Abende am warmen, prasselnden Feuer.

Das behagliche Wohnzimmer

Im Wohnzimmer ist Behaglichkeit das oberste Gebot, denn hier versammelt sich die ganze Familie, um gemeinsam zu entspannen und es sich gut gehen zu lassen.

Ein ungemütliches Wohnzimmer ist nicht nur ein Widerspruch in sich, es wäre ein Raum, in dem niemand gern Zeit verbringen möchte. Allerdings können manche Menschen ihre Vorstellung von Gemütlichkeit nur schwer mit ihrem Bild eines gut eingerichteten Raums in Einklang bringen. Begriffe wie »Dekoration« und »Einrichtung« wecken bei ihnen eher Skepsis. Für sie ist Behaglichkeit vage und facettenreich. Da lümmelt der Hund auf einer alten Decke, die auf dem Sofa liegt (zweifellos: Hundebesitzer wissen, wie gemütlich das sein kann), da lehnen zerdrückte Kissen an Sesselbeinen, da liegen Zeitungen auf allen Flächen und dazwischen stehen auf Tischen und Fußboden Kaffeebecher. Beim Stichwort »Einrichtung« stellen sich diese Skeptiker eine akkurate, sterile und strenge Ordnung vor: symmetrisch ausgerichtete Kissen und helle Sessel, auf die man keinesfalls die Füße legen darf. Es ist also gar nicht so einfach, über die Einrichtung eines behaglichen Wohnzimmers zu schreiben.

DIESE SEITE Behaglichkeit hat nichts mit übermäßiger Dekoration zu tun. Dieses Wohnzimmer ist zwar einfach eingerichtet, aber jedes einzelne Element – vom Läufer bis zu den Sofakissen – trägt dazu bei, dass man sich hier rundum wohlfühlt.

Dabei besteht zwischen diesen beiden Begriffen gar kein Widerspruch. Im Gegenteil, Behaglichkeit sollte sogar das Ziel der Einrichtung sein. Wir alle kennen diese kühlen, unpersönlichen Wohnzimmer, bei deren Gestaltung nur auf die optische Wirkung geachtet wurde. Solche Räume sind zum Bewundern da, aber nicht zum Leben. Eine gelungene Einrichtung ist persönlich, und damit fängt die Behaglichkeit an. Allerdings geht es nicht nur um die eigene Behaglichkeit, sondern auch darum, dass sich andere Menschen in dieser Umgebung wohlfühlen.

Einer der wichtigsten Faktoren für echte Behaglichkeit ist Wärme im physikalischen Sinn, denn sie vermittelt den meisten Menschen auch ein Gefühl seelischer Wärme. Wer einen offenen Kamin hat, kann sich glücklich schätzen, aber es geht natürlich auch ohne. Sorgen Sie für eine gleichmäßige, angenehme Temperatur. Vorhänge und Fensterläden können helfen, kalte Zugluft zu vermeiden.

Fast so wichtig wie die Temperatur sind die Sitzgelegenheiten. Behaglichkeit entsteht durch Gefühle wie Zufriedenheit, Entspannung und Zwanglo-

OBEN Waschbare, lose Überzüge auf Sofas und Sesseln laden mit ihrer weichen Ausstrahlung und den feinen Knittern dazu ein, es sich zum Lesen oder Plaudern gemütlich zu machen.

GANZ LINKS Ein Hocker, der in Höhe und Breite zu einem Sessel passt, ist ungemein praktisch. Er kann als zusätzliche Sitzgelegenheit dienen, und mit einer weichen Decke verwandelt er den Sessel in eine gemütliche Liege.

OBEN Ein großer, bequemer Sessel mit weich gepolstertem Sitz, in dem man sich mit einem Buch entspannen kann, ist ein wichtiges Requisit für ein behagliches Wohnzimmer.

OBEN RECHTS Natürlich braucht man Stellflächen für Leuchten. Planen Sie aber auch genügend Platz für Blumen, Dekorationen und Bücher ein.

GANZ RECHTS Es müssen nicht unbedingt konventionelle Sessel und Sofas sein. Auch auf einem antiken Eisenbett mit Bergen von Kissen an Kopf- und Fußende kann man es sich wunderbar bequem machen.

sigkeit, und dazu trägt auch das körperliche Wohlbefinden bei. Es mag banal klingen, aber Sitzmöbel müssen bequem sein. Das ist nicht immer der Fall, und das wurde auch nicht immer für nötig gehalten.

In der griechischen Antike beherrschte man schon im 5. Jahrhundert v. Chr. das Stuhldesign perfekt, das zeigen die eleganten Sessel mit gerundetem Rücken und geschwungenen Beinen, die auf zahlreichen Stelen und Schnitzereien zu sehen sind. In Europa kam aber in den folgenden Jahrhunderten die Kunst, bequeme Stühle zu gestalten, abhanden. Im Mittelalter beispielsweise legten die Menschen Wert auf warme Häuser mit einem riesigen Kamin in der Wohnhalle und Wandteppichen, die gegen Kälte isolierten. Ihnen war wichtig, der Welt ihren Status zu zeigen, etwa durch wuchtige Schränke mit Familienwappen, reich verzierte Bettvorhänge und die Kleidung. Auf Behaglichkeit legten sie offenbar weniger Wert. Jahrhundertelang wurden fast nur simple, harte Stühle mit gerader Lehne und unbe-

queme Betten gebaut und benutzt. Der Sitzkomfort wurde erst im 17. Jahrhundert wiederentdeckt, als französische Möbeltischler – les ébenistes – Möbel für die immer prunkvolleren Räume dieser Zeit entwarfen. Nun orientierten sich die Sitzmöbel wieder an menschlichen Körperformen und waren mit angenehmen Polstern ausgestattet. Obwohl seitdem nicht nur bequeme Sitzmöbel entworfen wurden, gibt es heute eine Vielzahl komfortabler Modelle für jeden Geldbeutel.

Wer sich neue Sofas oder Sessel anschaffen möchte, sollte auf eine solide Bauweise achten. Empfehlenswert sind Möbel mit

DIESE SEITE Unterschätzen Sie nicht den Wohlfühlfaktor von Details: Blumen auf dem Tisch, ein gemütlicher Sessel, eine Leseleuchte und ein offener Kamin – perfekt!

RECHTS Behaglichkeit hat mit Zwanglosigkeit zu tun, aber etwas Ordnung ist auch schön. Hier sorgen flexible Sitzmöbel und stapelbare Beistelltische dafür, dass man es sich entspannt gemütlich machen kann.

einer stabilen Unterkonstruktion aus Holz, robuster Federung und möglichst einer mehrschichtigen Polsterung. Lose Polster bestehen meist aus Schaumstoff oder Fasermaterialien. Wer es traditionell mag, wird Polster mit Federfüllung schätzen, denen man ihre Weichheit schon ansieht. Jahrelang war die Kombination aus Dreisitzer-Sofa, Zweisitzer-Sofa und Sessel üblich, doch inzwischen bevorzugen viele Familien flexiblere Kombinationen aus unterschiedlichen Sitzmöbeln.

Ein bequemer Sessel muss so gestaltet sein, dass er dem Körper seines Benutzers guten Halt bietet – und zwar vom Kopf bis zu den Beinen. Die Auswahl moderner und traditioneller Sessel ist zwar groß, doch am besten sind Sie mit relativ klassischen Modellen beraten, die auch nach Jahren nicht aus der Mode kommen und bei Bedarf durch einen neuen Bezug oder eine lose Husse aufgepeppt werden können.

Die Oberfläche des Polsterbezugs spielt für die Behaglichkeit eine wichtige Rolle. Wolle, Tweed oder Kelim-Stoffe können etwas rau und kratzig sein. Baumwolle, Leinen und Leinenmischgewebe andererseits sind weich und einladend. Große Muster in kräftigen Farben sieht man sich schnell über, und sie schränken auch die Kombinationsmöglichkeiten ein. Vorteilhafter ist es, sich auf eine oder zwei Farben zu beschränken oder einen

Bezugsstoff mit Strukturmuster zu wählen. Solche schlichten Bezugsstoffe lassen sich besser in die Gesamtgestaltung integrieren und geben auch einen optimalen Hintergrund für schöne Kissen ab.

Kissen sind ein Garant für Gemütlichkeit. Ob quadratisch oder rechteckig, rund oder walzenförmig, mit Borten oder Quasten: Kissen in verschiedenen Farben und Mustern sind ein Muss für jeden behaglichen Raum. Ebenso wichtig sind reichlich praktische Abstellflächen, beispielsweise mehrere kleine Tische, die man nach Bedarf in Reichweite von Sesseln und Sofas rücken kann, um Bücher, Getränke und Brille aus der Hand zu legen.

Teppiche und Läufer sind zwar nicht unbedingt notwendig, können aber viel Behaglichkeit beisteuern. Dabei spielt es keine Rolle, ob das Wohnzimmer einen Holz- oder Fliesenboden hat oder mit Teppichboden ausgelegt ist. Läufer können Zonen des Raums kennzeichnen, als Blickfang dienen, und man kann auf ihnen sitzen. Natürlich sollten Stil und Muster zu den anderen Elementen und Farben im Raum passen. Achten Sie auch auf die Proportionen. Ein zu großer Teppich wirkt leicht erdrückend. Ist der Teppich zu klein, wirkt er isoliert und stellt keine Verbindung zwischen den Zonen des Raums her.

OBEN LINKS Auf dem großen Sofa mit hohen Seitenteilen kann man bequem sitzen oder sich zur Siesta ausstrecken.

LINKS Selbst weniger bequeme Sofas (dies ist keins!) werden mit vielen weichen Kissen herrlich gemütlich.

DIESE SEITE Verschiedene Sitzmöbel für Menschen mit unterschiedlichen Bedürfnissen. Der niedrige, längliche Tisch und die einheitliche Farbgebung sorgen dafür, dass diese ungleichen Möbel dennoch eine stimmige Gruppe bilden.

Nun fehlt noch eine Beleuchtung, die alle sorgfältig ausgesuchten Elemente perfekt in Szene setzt. Gerade im Wohnzimmer ist Vielseitigkeit gefragt. Für die allgemeine Hintergrundbeleuchtung könnten Sie Deckeneinbaustrahler oder mehrere Fluter wählen. Die Akzentbeleuchtung dient dazu, bestimmte Elemente des Raums gezielt anzustrahlen und die Dramatik der Einrichtung zu verstärken. In diese Gruppe fallen auch Leuchten, die für sich genommen dekorativen Wert haben. Die dritte Beleuchtungskategorie ist das Funktionslicht, das für die Behaglichkeit im Wohnzimmer eine wichtige Rolle spielt. Hier geht es um Leuchten, die gezielt für bestimmte Tätigkeiten eingeschaltet werden und dafür das optimale Licht spenden – beispielsweise zum Lesen, Zeichnen, Handarbeiten oder auch Plaudern. Für diesen Zweck eignen sich Tischleuchten in verschiedenen Höhen, aber auch verstellbare Stehleuchten. In praktischer und dekorativer Hinsicht liegt das Geheimnis einer guten Beleuchtung in der richtigen Mischung. Mit einem Dimmer – dem besten Freund der Lichtdesigner – erreichen Sie noch mehr Flexibilität.

OBEN LINKS Ohrensessel waren im 18. Jahrhundert vor allem in Bibliotheken beliebt. Dort konnte der Herr des Hauses bequem und gut beschützt am warmen Kamin sitzen und lesen.

OBEN RECHTS Dieses Sofa ist lang genug, um bei Bedarf als Gästebett zu dienen. Weiche Sitzpolster und viele kuschelige Kissen laden dazu ein, es sich gemütlich zu machen.

LINKS Kissenbezüge müssen weder gleich aussehen noch identische Formen haben. Wichtig ist aber ein verbindendes Element, etwa die Hauptfarbe oder der Mustertyp.

DIESE SEITE Damit man sich auf einem so bequemen Sofa stundenlang in einem spannenden Buch vergraben kann, dürfen gute, verstellbare Leseleuchten nicht fehlen.

DIESE SEITE Behaglichkeit hat auch mit der Raumaufteilung zu tun. Ins Bad sind es nur ein paar Schritte, eine große Lampe und ein Bücherstapel laden zum gemütlichen Lesen ein. Gute Nacht!

Das friedliche Schlafzimmer

Für die meisten Menschen ist das Schlafzimmer ein ganz privater Ort der Ruhe und Behaglichkeit. Zum Glück lassen sich solche Wünsche leicht erfüllen.

Das wichtigste Möbelstück im Schlafzimmer ist selbstverständlich das Bett. Wenn das Bett unbequem ist, schläft man nicht gut, und wenn man schlecht geschlafen hat, wird der nächste Tag umso mühsamer. Dadurch entsteht schnell ein Teufelskreis, der nur schwer zu durchbrechen ist.

Es gibt eine Vielzahl von Fachgeschäften, deren Kataloge mit verführerischen Illustrationen und Texten, die sich wie die Speisekarte eines Sternerestaurants lesen, alle nur denkbaren Wünsche in Bezug auf den Schlafkomfort zu erfüllen versprechen – von Bettwäsche aus reinem Leinen über

OBEN LINKS Ein altmodisches, weiß gestrichenes Holzbett, hübsche Bettwäsche, ein dekoratives Rollo und Glasflaschen mit frischen Blumen: In diesem charmanten Schlafzimmer fühlt man sich gleich willkommen.

OBEN RECHTS Das Karoplaid auf dem Fußende und die Kissen mit dem Wolldeckenbezug – komplett mit Fransen – vermitteln ein entspannendes Gefühl von Wärme.

LINKS Ordnung ist wichtig, um im Schlafzimmer Ruhe zu finden. Kleidung und Accessoires sind in Körben gut verstaut.

LINKS Ein Mix aus Texturen und Mustern kann sehr ruhig wirken, wenn man sich auf eine Farbe beschränkt. Das beweist dieses Schlafzimmer ganz in Weiß mit dem schönen Quilt und den bestickten Kissen.

OBEN Liebevolle Kleinigkeiten wie eine Wasserkaraffe mit Glas, Lesestoff und ein kleiner Strauß duftender Blumen strahlen freundliche Behaglichkeit aus.

Kaschmirdecken bis zu Kissen und Decken mit Seidenfüllung.

Luxus ist aber nicht unbedingt gleichbedeutend mit Komfort. Der Komfort eines Betts hat hauptsächlich mit Matratze und Lattenrost zu tun. Das Bettgestell ist eher Beiwerk. Sein Material und seine Bauweise haben auf die Schlafqualität keinen nennenswerten Einfluss. Wenn Sie jedoch einen ausgeleierten Federrahmen haben, wenn die Matratze in der Mitte durchhängt oder Sie morgens gerädert und mit Rückenbeschwerden aufwachen, ist es höchste Zeit, sich eine neue Matratze und eventuell einen neuen Lattenrost anzuschaffen.

Moderne Matratzen unterscheiden sich erheblich von den ersten, simplen Säcken, die vor Jahrtausenden benutzt wurden. Status und Wohlstand bestimmten, womit sie gefüllt waren. Die meisten Leute schliefen auf Stroh, Schilf oder Heu, reiche Leute konnten sich Baumwolle, Wolle oder Rosshaar leisten. Um die Mitte des 18. Jahrhunderts waren aus Säcken kastenförmige Gebilde geworden, und im 19. Jahrhundert erfand man Sprungfederkonstruktionen, die mit Wolle, Baumwolle und anderen Fasern umhüllt waren.

DIESE SEITE Das antike Eisenbett verträgt sich ausgezeichnet mit der sachlich-modernen Bettwäsche, dem Butlertisch und der Dreiergruppe grafischer Schwarz-Weiß-Drucke.

DIESE SEITE Dieses Schlafzimmer mit dem antiken Holzbett ist ganz in Weiß gehalten. Nur Kleinigkeiten wie die Tupfen auf der Bettwäsche, das Muster auf dem Rollo und die hübschen Schleifenbänder setzen Farbakzente.

UNTEN Die Farben der Kissen sind gut auf den antiken Patchwork-Quilt abgestimmt. Durch den durchdachten Mustermix wirkt der Raum lebendig und freundlich, aber nicht zu bunt.

Um den Komfort der Matratze zu erhöhen, legte man darauf eine oder mehrere Auflagen, die Ähnlichkeit mit dicken Quilts hatten und oft mit Federn oder einer Mischung aus Federn und Daunen gefüllt waren. Feder-Bettdecken waren bis ins 20. Jahrhundert hinein üblich. Schon 1847 verkaufte das berühmte Londoner Bettenfachgeschäft Heal's verschiedene Federn und Daunen lose nach Gewicht. Die Kunden füllten ihre Matratzenauflagen und Decken selbst damit. Graugansfedern wurden für umgerechnet 25 Cent angeboten, hochwertige weiße Gänsedaunen kosteten umgerechnet 60 Cent pro Pfund. Solche Federbetten waren ein wertvoller Besitz, der oft auch an Nachkommen vererbt wurde. Wer es sich leisten konnte, polsterte seine harte Matratze mit mehreren solcher weichen Auflagen – wie Hans Christian Andersens Prinzessin, die noch durch 20 Federauflagen hindurch die Erbse spürte.

Solche Federauflagen (nicht zu verwechseln mit den simplen Matratzenschonern) gibt es noch heute in verschiedenen Ausführungen zu kaufen. Weniger empfehlenswert sind dünne Auflagen aus gestepptem Fasermaterial. Mehr Komfort bieten Auflagen aus Schafwolle oder Naturlatex. Besonders luxuriös sind doppellagige Auflagen mit ei-

OBEN LINKS Eine breite Fensterbank bietet sich als Präsentationsfläche für Bücher, Dekorationsobjekte und vor allem frische Gartenblumen an.

DAS FRIEDLICHE SCHLAFZIMMER

RECHTS UND GANZ RECHTS Behaglichkeit war das oberste Ziel bei der Gestaltung dieses Schlafzimmers. Die verschiedenen Toile-de-Jouy-Muster harmonieren gut miteinander, und im großen Schrank lässt sich viel unterbringen.

UNTEN Gehäkelte Bettdecken findet man nur noch selten. Das ist schade, denn sie sind ebenso hübsch wie gemütlich.

ner unteren gesteppten Schicht und einer darüber liegenden Federfüllung: In sie kann man sich buchstäblich hineinsinken lassen.

Das arme Kopfkissen ist das Aschenputtel des behaglichen Betts. Mit der Auswahl von Stil und Material der Bettwäsche geben sich viele Menschen Mühe, doch was im Bezug steckt, wird kaum beachtet. Können Sie sich nicht erinnern, wann Sie zuletzt ein neues Kopfkissen gekauft haben, oder hängt es schlapp herunter, wenn Sie es über den Arm legen? Dann ist es höchste Zeit für ein neues. Sparen Sie nicht am falschen Ende. Achten Sie bei Größe, Füllmaterial und Härte

darauf, dass es Ihnen maximalen Komfort bietet.

In Bezug auf die Bettwäsche haben die meisten Menschen ihre persönlichen Vorlieben. Generell sind aber Naturfasern beliebter als synthetische Materialien, die nicht atmen und mit der Zeit hässliche Pilling-Knötchen bilden. Andererseits kann man nicht kategorisch sagen, dass Leinen oder Seide besser ist als Baumwolle, denn diese Entscheidung wird individuell getroffen. Wenn Sie weiche Bettwäsche mögen, wird Ihnen feinfädige Baumwolle gefallen. Mögen Sie es kühl und glatt, bevorzugen Sie wahrscheinlich Baumwollsatin. Wenn es kühl und etwas rauer sein soll, ist Leinen die beste Wahl.

Leisten Sie sich hochwertige Bettwäsche. Die meisten Hersteller verkaufen regelmäßig auslaufende Kollektionen zu reduzierten Preisen, und einfarbige – vor allem weiße – Bettwäsche kommt nie aus der Mode. Außerdem lässt sich weiße Bettwäsche problemlos kombinieren, und es macht Spaß, im Lauf der Zeit eine Kollektion schöner alter und neuer Bezüge zusammenzutragen.

Eine besondere Rolle spielt das Licht im Schlafzimmer – sowohl das erwünschte wie das unerwünschte. Grundsätzlich schläft man besser in einem dunklen und nicht zu warmen Raum. Wer einen schlichten Stil mag, ist mit Verdunklungsrollos, die direkt am Fenster montiert werden, gut beraten. Sie lassen kaum Licht durch und sind in vielen attraktiven Farben und Mustern erhältlich. Etwas weicher sehen sie in Kombination mit Falt- oder Raffrollos aus. Romantischer wirken Vorhänge, die im Schlafzimmer allerdings gefüttert und eventuell zusätzlich mit einem lichtundurchlässigen Zwischenfutter ausgestattet sein sollten.

Die elektrische Hintergrundbeleuchtung des Raums sollte sich im Idealfall mit einem Dimmer regulieren lassen. Bei den Leseleuchten am Bett ist wichtig, dass sie hell genug sind und dass ihr Lichtstrahl sich Ihrer Lieblings-Leseheltung anpassen lässt. Es ist mehr als unbequem, in verdrehter Lage das Buch unter den Lichtkegel einer zu niedrigen, pilzförmigen Lampe zu halten, und auch Ihren Augen tun Sie damit keinen Gefallen.

Die Bedeutung von Farben wird im Schlafzimmer oft unterschätzt. Empfehlenswert sind natürlich ruhige Farbtöne, aber das bedeutet nicht, dass alle Wände weiß sein müssen. Schauen Sie sich einmal

GANZ LINKS Schlafzimmer dekoriert man am besten mit leichter Hand. Alte Schneiderbüsten mit Modeschmuck sind eine bezaubernde Idee für die Wand.

OBEN Ein hauchdünnes Moskitonetz hat im Sommer durchaus einen praktischen Wert, wirkt aber so romantisch wie ein Himmelbett.

die Farbton-Karten in einem Fachgeschäft an: Es gibt neutrale, ruhige Farben in Hunderten von Variationen, von Schneeweiß über verschiedene Elfenbein- und Creme-Nuancen bis zu Steintönen. Viele lassen sich großartig miteinander kombinieren und können durch einen etwas kräftigeren Ton noch ausdrucksvoller wirken, ohne den ruhigen Charakter zu verlieren.

DAS FRIEDLICHE SCHLAFZIMMER

Das praktische Bad

UNTEN Auch ein ganz schlichtes, praktisches Bad kann sehr behaglich sein. Viel mehr als duftende Seife und einen hölzernen Handtuchständer mit frischen weißen Handtüchern braucht man doch nicht.

UNTEN RECHTS Stauraum kann man im Bad nicht genug haben. So ein Holzregal ist schnell aufgebaut und bietet Platz für alles Nötige, von Handtüchern bis zu Zahnbürsten.

Im Lauf der Geschichte gab es Zeiten, in denen die Menschen auf die Reinigung des Körpers Wert legten, während in anderen Epochen die Körperpflege nicht gerade hoch im Kurs stand.

Dass die alten Römer private und öffentliche Bäder ausgiebig nutzten, ist bestens dokumentiert. Rund tausend Jahre später entstanden im Mittelalter Illustrationen, die das Baden in Holzzubern für zwei Personen als amüsantes und manchmal erotisches Vergnügen darstellen.

Im 16. und 17. Jahrhundert legte man auf das Baden und ganz allgemein auf Körperpflege keinen großen Wert. In Versailles wurden zwar zahlreiche Neuerungen umgesetzt, und es gab auch Badezimmer für die königliche Familie, aber keine öffentlichen Toiletten. Zeitgenössische Beobachter berichteten, dass sich Höflinge und Besucher kurzerhand in den Fluren erleichterten, die dementsprechend rochen. Auch im folgenden Jahrhundert badeten die Reichen vorzugsweise in einer Wanne vor dem warmen Kamin. Sie wurde mit zahllosen Eimern heißem Wasser gefüllt, die von Dienstboten herbeigeschleppt wurden. Im 19. Jahrhundert hatten Badezimmer noch Seltenheitswert, und die wenigen vorhandenen waren kein bisschen behaglich. Daran änderte sich in den folgenden hundert Jahren wenig. Man muss gar nicht so alt sein, um sich an simpelste, unge-

DIESE SEITE Weiß gestrichenes Holz und viel Glas, mehr nicht. Dieses Beispiel zeigt, dass man auch mit ganz einfachen Mitteln ein schönes Bad gestalten kann.

DIESE SEITE Dieses Bad ist so kompakt gestaltet wie eine Schiffskabine. Die geräumige Kommode ist ausgesprochen praktisch, und der Kronleuchter steuert ein bisschen dekorativen Glamour bei.

heizte Bäder mit kaltem Fußboden, dünnen Handtüchern und lauwarmem Wasser zu erinnern, in denen ein Bad bei winterlichen Minusgraden etwas von einem Überlebenstraining hatte.

Aber das war damals. Die Zeiten haben sich geändert. Moderne Designer haben sich des Badezimmers angenommen und ihm den Stellenwert eines Statussymbols verliehen. Was früher ein rein zweckmäßiger Raum war, ist heute dank Dampf- und Massagedusche oder Whirlpool mit stimmungsvoller Unterwasserbeleuchtung zur privaten Wellness-Oase geworden. Es geht nicht mehr um notwendige Reinigungsmaßnahmen, sondern um das wohltuende Vergnügen, sich selbst zu verwöhnen. Ein stylisches Bad ist auch für Makler ein schlagkräftiges Argument.

Sind nun so viel Luxus und technischer Fortschritt automatisch behaglich? Ich glaube es nicht. Ein wirklich behagliches Bad, in dem man sich gern Zeit lässt und das man erfrischt verlässt, ist auch ohne viel technischen Schnickschnack leicht zu gestalten.

Das wichtigste Kriterium ist die Wärme. Wer frierend in einem kalten Bad steht, fühlt sich garantiert nicht wohl. Dichten Sie zugige Fenster ab und lassen Sie einen leistungsfähigen Heizkörper oder – noch besser – einen möglichst großen beheizbaren Handtuchhalter installieren. Gönnen Sie sich große, flauschige Handtücher. Sie trocknen nasse Haut rasch ab, und das ist wichtig, denn nasse Haut kühlt schnell aus. Für viele Menschen gehört in ein behagliches Bad unbedingt eine große, tiefe Badewanne. Wer eine schön geformte, aber abgenutzte alte Wanne hat, muss sie nicht unbedingt ersetzen. Es gibt heute gute Techniken, um schadhafte Stellen auszubes-

OBEN In diesem Bad mit dem großen Spiegel, den freundlichen Bildern und dem Hocker mit einem Stapel Bücher lässt man sich gern etwas mehr Zeit.

LINKS Einbauschränke in Nischen sind praktisch, um in kleinen Bädern weniger ansehnliche Utensilien zu verstecken. Ausschnitte in den Türen dienen als Schaubühne für die attraktiveren Accessoires.

LINKS Der Waschtisch wurde aus einem einfachen Holztisch gebaut. Auf dem unteren Bord liegen in schönen Weidenkörben weiche Handtücher bereit.

OBEN Ein Stuhl macht sich im Bad immer nützlich. Man kann sich zum Anziehen oder Plaudern bequem setzen oder Handtücher darauf ablegen.

sern oder die ganze Wanne neu zu beschichten – in Ihrer Wunschfarbe.

Es trägt zum Komfort des Badezimmers bei, wenn alle Utensilien ihren Platz haben. Was nicht wirklich attraktiv aussieht, verschwindet am besten hinter Türen. Dafür muss reichlich Stauraum eingeplant werden. Ein Waschbecken-Unterschrank ist eine gängige Lösung. Ausgesprochen praktisch sind aber auch Badewannenverkleidungen mit verdeckten Scharnieren und einem Tipp-Verschluss, hinter denen Putzmittel und andere Notwendigkeiten verschwinden können. Ein Spiegelschrank mit integrierter Beleuchtung ist ebenfalls praktisch.

An einer freien Wandfläche könnten Sie einen schmalen Schrank oder ein kleines Regal anbringen. Regale mit Glasböden sehen besonders leicht aus. Manche Menschen wissen auch ein Regal, einen Korb oder einen Hocker neben der Toilette zu schätzen – als Ablage für eine Lektüre.

Eine gute, variable Beleuchtung ist für den Komfort im Bad von großer Bedeutung. Sie könnten beispielsweise dimmbare Decken-Einbaustrahler installieren und Waschbecken-Leuchten einplanen, die auch zum Schminken und Rasieren hell genug sind. Denken Sie auch an gute Duftkerzen für ein entspannendes Bad am Abend.

DIESE SEITE Dieses Bad ist eigentlich ganz schlicht eingerichtet, nur die Wanne ist mit der ovalen Vorhangstange und dem gestreiften Vorhang mit niedlichen Rüschen fein herausgeputzt – genau richtig für ein Badevergnügen.

DIESE SEITE Dass ein behagliches Bad nicht neu und modern sein muss, beweist dieser wunderbar harmonische Raum in sanften Grautönen mit einer alten, frei stehenden Wanne.

Kein Gesetz verbietet, Bilder im Bad aufzuhängen. Bäder sind oft klein und eignen sich darum gut für Fotos oder andere kleine Bilder, die in größeren Räumen nicht zur Geltung kommen. Solange die Luft im Bad nicht ständig feucht ist, werden die Bilder keinen Schaden nehmen.

Wenn es ein bisschen mehr Luxus sein darf, gönnen Sie sich eine edle Seife: Badevergnügen zum kleinen Preis.

UNTEN Was ist behaglicher, als sich mit einem heißen Tee im Licht von duftenden Kerzen in der Wanne auszustrecken? Ein Holzbrett wirkt als Ablage viel sympathischer als ein sachlich-kühles Drahtgitter.

OBEN LINKS Aufbewahrungsgläser sehen schön leicht und luftig aus, aber vielleicht finden Sie hinten im Schrank noch eine einsame Tasse mit hübschem Blumenmuster?

OBEN MITTE Toilettenpapier im Korb: griffbereit und schöner als in der Verpackung.

OBEN RECHTS Alte Terrakotta-Teller machen sich auch als Seifenschalen gut.

OBEN Hübsche Kaffeebecher oder Gläser können sich auch als Behälter für Stifte und andere Kleinigkeiten nützlich machen.

Der sympathische Arbeitsplatz

Jeder braucht zuhause einen ruhigen Platz, an den er sich aus der Alltagshektik zurückziehen kann, um sich in Ruhe auf Wichtiges zu konzentrieren – Kontoauszüge kontrollieren, Überweisungen und Briefe schreiben oder einen Bestseller verfassen.

Der Platz, um den es hier geht, soll weder muffigen Bürocharakter haben noch das Gefühl vermitteln, dass dort nur Pflichten und unerfreuliche Mühsal warten. Lösen wir uns also für einen Moment von Begriffen wie »Home Office« oder »Arbeitsplatz«, die vielleicht falsche Assoziationen wecken können. Wie wäre es mit »Atelier«, »Studierzimmer« oder einer ähnlich romantischen Bezeichnung, bei der man an einen behaglich warmen, ruhigen Raum mit gutem Licht, bequemen Sesseln und Bildern denkt? Natürlich haben nur wenige Menschen das Glück, sich einen ganzen Raum für eigene Beschäftigungen einzurichten, doch der Grundgedanke lässt sich auch umsetzen, wenn nur eine halbe Wand in einem größeren Raum zur Verfügung steht.

Zuerst gilt es, einen Platz zu finden. Ein kleines Zimmer oder eine Kammer, die eigentlich als

OBEN Der Arbeitsplatz ist nicht nur für Papierkram da. Wer gern näht, braucht auch dafür einen Platz mit gutem Licht, an dem alle Utensilien griffbereit sind.

GANZ LINKS Konventionelle Büromöbel sind nicht sonderlich gemütlich. Eine lange Tischplatte auf Böcken mit zwei praktischen Stühlen sieht lässiger und harmonischer aus und erfüllt denselben Zweck.

GANZ RECHTS Wenn alles Notwendige griffbereit ist, geht jede Arbeit gut von der Hand: ein Holztisch, eine verstellbare Leuchte, ein großer Papierkorb und ein Regal voller Bücher – fertig!

UNTEN Selbst in einer kleinen Ecke lässt sich ein sympathischer Arbeitsplatz einrichten. Markieren Sie Ihr Revier mit Büchern und Bildern.

Stauraum gedacht ist, kann schon genügen. Vielleicht gibt es auch andere Ecken, die nicht als Wohnraum im engeren Sinn genutzt werden können, beispielsweise neben der Küche, unter einer breiten Treppe oder auf einem Treppenabsatz. Mit einer cleveren Beleuchtung und praktischen Regalen lassen sich solche Ecken nutzbar machen. Wenn all das nicht infrage kommt, richten Sie sich einen Platz in der Küche, dem Wohnzimmer oder dem Schlafzimmer ein. Falls der Arbeitsplatz nur sichtbar sein soll, wenn er benutzt wird, könnten Sie über einen Schrank nachdenken, hinter dessen Türen sich Schreibplatte, Regale und andere Utensilien verstecken.

Damit der Arbeitsplatz behaglich wird, muss eine gewisse Ordnung herrschen. Das ist ohnehin wichtig, wenn es um Papiere und Ordner geht. Von großer Bedeutung ist darum gut durchdachter Stauraum, in dem alle notwendigen Requisiten griffbereit, aber nicht unbedingt sichtbar verstaut werden können.

Zur Unterbringung von Ordnern und Dokumenten bieten sich Aktenschränke an, die es in vielen Ausführungen gibt – zum Glück nicht mehr nur in tristem Bürograu. Alte Metall-Aktenschränke lassen sich leicht mit farbigem Sprühlack aufpeppen. Wenn Sie den häuslichen Arbeitsbereich gern etwas wohnlicher gestalten wollen, haben Sie die Wahl zwischen attraktiven und zweckmäßigen Ablagekörben und Stehsammlern aus Rattan, Korbgeflecht, Leder, Holz und stabiler Pappe in allen Farben und Formen. Wer lieber aus dem Bestand schöpfen möchte, kann Körbe in allen Variationen verwenden. In größeren Körben finden sogar farbige Aktenordner Platz.

Konventionelle Schreibtische sind oft recht wuchtig und nicht sonderlich wohnlich. Wenn Sie den Arbeitsplatz an einer Wand einrichten, können Sie sich für preiswertere, flexiblere Lösungen entscheiden, beispielsweise einen alten Holztisch, der passend zum Raum gestrichen ist, oder eine einfache Holzplatte auf Böcken. Eine Alternative ist eine maßgenau zugeschnittene MDF-Platte aus dem Baumarkt, die auf zwei Regale in passender Höhe gelegt wird.

Regale – oder wenigstens ein Regal – gehören

meiner Meinung nach unbedingt zu einem sympathischen Arbeitsplatz. Sie bieten nicht nur wertvolle Stellfläche für Akten und Unterlagen, sondern auch für Bücher und für Kleinigkeiten, die Sie gern anschauen. Offene Regale sind ebenso praktisch wie übersichtlich.

Wenn Sie regelmäßig länger am Schreibtisch sitzen, brauchen Sie unbedingt einen guten, bequemen Stuhl. Es muss nicht zwingend ein typischer Bürostuhl sein, aber er sollte Ihren Rücken optimal stützen. Armlehnen können helfen, Verspannungen im Nacken zu vermeiden.

Achten Sie auf eine gute Beleuchtung. Tageslicht ist zwar hilfreich, aber zusätzlich sollten Sie sich eine verstellbare Leuchte zulegen, deren Lichtkegel sich genau auf Ihren Arbeitsbereich richten lässt.

Vergessen Sie nicht die persönlichen Kleinigkeiten: frische Blumen, Objekte oder Fotos, die Ihnen etwas bedeuten und Freude machen. Gerade sie geben dem Arbeitsplatz seinen behaglichen Charakter. Denken Sie daran, sie von Zeit zu Zeit auszutauschen, denn was man zu lange vor Augen hat, nimmt man nach einer Weile nicht mehr wahr.

LINKS Jeder braucht einen Platz, um sich auf das zu konzentrieren, was er gern tut, und die notwendigen Requisiten aufzubewahren: Bücher oder auch Handarbeiten.

RECHTS Je kleiner der Arbeitsplatz ist, desto wichtiger sind persönliche Erinnerungsstücke und Bilder, die ihn wohnlich und individuell machen.

Das grüne Zimmer

Wenn Behaglichkeit bedeutet, dass sich Gäste willkommen fühlen sollen, dann gibt es kaum wirkungsvollere Signale als eine Reihe Gummistiefel neben der Gartentür oder einen Durchgang zu einem hellen Wintergarten mit Blick ins Grüne. Sie erzählen nicht nur von den charmanten Bereichen in Haus und Garten, sondern auch davon, dass Sie alle gern mit Ihren Gästen teilen.

An großen und kleinen Gartenfreuden wie dem Sammeln und Kultivieren von Pflanzen finden die Menschen schon lange Vergnügen. Im 17. Jahrhundert entstanden auf ausgedehnten Anwesen Orangerien mit großen, verglasten Flächen, die zur Überwinterung von Zitrusbäumen und anderen exotischen Pflanzen gedacht waren. Zwei Jahrhunderte später sorgten neue Bauverfahren und moderne Techniken der Metallverarbeitung dafür, dass Wintergärten aus Glas und Metall als leichte, luftige Nachkommen der Orangerie groß in Mode kamen. Daran hat sicherlich Joseph Paxton einen Anteil, der in Chatsworth auf dem Anwesen des sechsten Herzogs von Devonshire ein riesiges Glashaus mit 3000 Quadratmetern Grundfläche errichtete. Darin flatterten tropische Vögel, und in mehreren Teichen schwammen Goldfische. Durch die Mitte zog sich ein Weg, der breit genug für Kutschen war und der anlässlich eines Besuchs von Königin Victoria im Jahr 1843 mit 12000 Lampen beleuchtet wurde. Paxton erhielt den Auftrag, zur Weltausstellung 1851 den Crystal Palace im Hyde Park zu bauen, ein 108 Meter hohes Bauwerk mit einer Grundfläche von 77 Quadratmetern.

LINKS Ursprünglich dienten Wintergärten dazu, Sämlinge aufzuziehen und Pflanzen zu kultivieren – eine ungemein entspannende und befriedigende Beschäftigung.

RECHTS Dieser Wintergarten mit gestrichenen Backsteinwänden, Schattierungsjalousie und lackiertem Holzboden ist ein charmantes, zusätzliches Wohnzimmer.

DIESE SEITE Kleinere, helle Wintergärten werden gern als Essplatz genutzt. Sie sind wie geschaffen für ein Frühstück in der Morgensonne oder ein Abendessen bei Kerzenschein.

Bald baute man an alte und neue Privathäuser Wintergärten an. Sie stellten einen dekorativen und praktischen Übergang zum Garten dar und wurden genutzt, um Pflanzen für den Garten und Blumen fürs Haus zu ziehen. In größeren Bauten erntete man exotische Früchte aus wärmeren Ländern. Die Wintergärten der verschiedenen Anwesen der Familie Rothschild waren wegen der Kultur solcher Köstlichkeiten besonders berühmt. Meyer de Rothschild hatte in seinem Glashaus in Mentmore sogar einige Bananenpflanzen.

Viele Wintergärten wurden wie ein zusätzliches Wohnzimmer eingerichtet, jedoch weniger förmlich als der eigentliche Salon. Besonders berühmt waren die ungeniert romantischen russischen Wintergärten. Auf Zeichnungen und Bildern ist zu sehen, dass darin exotische

Pflanzen wie Magnolien, Kamelien, Orchideen, Rosen und Jasmin wuchsen. Es muss herrlich geduftet haben.

Aber jeder Trend geht einmal vorüber. Diese Bauten waren schwierig zu beheizen, und um die Mitte des 20. Jahrhunderts standen viele kurz vor dem Verfall. In den 1970er- und 1980er-Jahren führten jedoch neue technische Entwicklungen dazu, dass gut isolierte, beheizbare Wintergärten unkompliziert und für relativ wenig Geld an vorhandene Häuser angebaut werden konnten.

OBEN Dieser Wintergarten schlägt eine Brücke zwischen dem Haus und dem Garten. Die Grenzen zwischen Innen- und Außenraum sind nur noch vage zu ahnen.

LINKS Den leichten Stuhl kann man jederzeit an den sonnigsten Platz stellen, um sich ein Weilchen im Warmen zu entspannen.

LINKS Selbst ganz simple Freisitze können mit Gartenstühlen und einem Holztisch behaglich werden.

RECHTS Altmodische Wintergärten bilden eine perfekte Fusion aus Gewächshaus und Wohnbereich. Hier teilen sich Wein und andere Kletterpflanzen den Raum mit gemütlichen Sesseln und einem Tisch.

UNTEN Terrakotta, Metall und Plastik: Pflanzen gedeihen in jedem Gefäß, das gerade zur Hand ist. Solche grünen Gruppen sind ein schöner Schmuck für das Gartenzimmer.

Diesen modernen Wintergärten stehen allerdings die voluminösen Polstermöbel, die man auf Gemälden und Fotos aus dem 19. Jahrhundert sieht, nicht gut zu Gesicht. Zwanglose Lässigkeit, verkörpert durch leichte Korbmöbel mit dicken Kissen, ist der bevorzugte Stil. Hier kann man es sich an einem trüben Tag gemütlich machen oder abends mit einem Glas Wein zwischen den Rosen Platz nehmen. Für zusätzliche Behaglichkeit sorgt ein Kelim oder eine Sisalmatte auf dem Boden. Soll der Wintergarten gelegentlich (oder immer) als Essplatz genutzt werden, bleiben Sie am besten beim Gartenthema. Eine konventionelle Essgruppe würde unpassend aussehen.

LINKS Wer eine traditionelle Veranda hat, darf sich glücklich schätzen. Hier kann man wunderbar plaudern, entspannen oder einfach die Welt vorbeiziehen lassen.

UNTEN Die Terrasse erweitert den Wohnbereich und sollte mit behaglichen Möbeln ausgestattet werden. Liebevoll ausgesuchte Pflanzen bilden den grünen Rahmen.

RECHTS Kerzengläser können auf dem Tisch und dem Boden stehen. Vielleicht gefallen Ihnen auch Teelichthalter mit Erdspießen oder Haken zum Aufhängen.

Setzen Sie lieber auf eine lockere Picknick-Atmosphäre. Eine Tischplatte auf Böcken mit einer Baumwolldecke und simple Klappstühle wirken heiter und entspannt, und das überträgt sich auf die Tischgäste. Dazu ein paar Terrakotta-Töpfe mit unverwüstlichen Geranien oder duftenden Kräutern, wie vielleicht erfrischender Verbene – das genügt.

Es gibt natürlich noch mehr Möglichkeiten, den Garten aus sicherer Distanz zu bewundern, zum Beispiel ein Gartenzimmer mit großen Fenstern oder ein Gartenhäuschen, in dem man arbeiten, lesen oder Tee trinken kann. Selbst auf einer Terrasse oder einer überdachten Veranda kann man es sich behaglich machen. Ob Sie ein Gartenzimmer, einen Wintergarten oder eine Terrasse haben: Wichtig ist vor allem, den Bereich mit Möbeln und vielen Kissen behaglich herzurichten, damit man dort entspannt über die Dinge des Lebens sinnieren kann.

Register

Kursiv gedruckte Seitenangaben beziehen sich auf Abbildungen

A
Aktenschränke 140
Akzentbeleuchtung 114
Aluminiumfolie zum Reinigen von Besteck 65
Ammoniak 62
Andersen, Hans Christian 123
Anrichte *90–91*
Applikationen auf Quilts 72–75
Arbeitsbereiche in der Küche 95
Arbeitsflächen 20, 95–96
Arbeitslicht 114, 132, 143
Arbeitsplatz *138–143,* 139–143
aufräumen 20

B
Badewanne 130, 131–132, 134
Badezimmer 128–135, *128–137*
Bedienstete 57–58
Beeton, Mrs 57–58
Beleuchtung:
    Arbeitsplatz 143
    Badezimmer 132
    Flur 87–88
    Garten *151*
    Partys 43
    Schlafzimmer 116, 127
    Tischleuchten 28, 82, 114
    Wohnzimmer *108,* 114, 115
Besteck reinigen 65
Betten 20, 74, 117–127, *117–127*
Bettlaken 124–127
Bettwäsche 51, 60–61, 124–127
Bilder 81–82
    Arbeitsplatz 143
    Badezimmer 132–135
    Flur 88
    Küche 100
Blumen:
    Flur *87*
    Küche 100
    Schlafzimmer *118*
    Tischdekoration 40
    Wohnzimmer 36, 82, *108*
Blumenkästen 36
Borax 65, 69
Branntkalk 65
Bücher:
    Arbeitszimmer *141,* 143
    Bad 132
    Flur 88
    Küche 100
    Schlafzimmer 127
    Wohnzimmer 40
bügeln 61

C
Chatsworth, Devonshire 144
chemische Reinigungsmittel 61–62
Chintz 72
Couchtisch *104,* 112–113
Crystal Palace, London 144

D
Decken 36
Details, letzte 78–83
Devonshire, Herzog von 144
Diele 58, *86–89,* 87–89
Dienstboten 57–58
Dimmer 114, 127
Düfte 34–36, 62
Dusche 131

E
Eingemachtes 49
Essigessenz 65, 69
Essplatz im Wintergarten *146,* 151
Esszimmer 58

F
Familienerbstücke 36
Farbe:
    Flur 88
    Küche 99
    Polstermöbel 111–112
    Schlafzimmer 127
Federbetten 123–124
Fenster:
    Jalousien 127
    Wärmedämmung 34, 107
    siehe auch Vorhänge
Fensterläden 107
Fenstersitz 27–28
Feste 43
Feuer *107*
Fleckenentferner 68
Flur 58, *86–89,* 87–89
Fotos 81, 88, 135, 143
Frankreich, Sitzmöbel 110
freundliches Zuhause 38–43
Fußboden, Wohnzimmer 112

G
Gartenzimmer 146, 151
Gäste 38–43
Gemüse 100
Gerüche beseitigen 68
Geruchssinn 34–36
Glas:
    Gläser 40, 68, 100
    Regale 132
    Wintergarten 144
Grasflecken entfernen 68
Griechenland, Antike 108
Gruppen von Dekorationen 81–82

H
Habseligkeiten:
    aussortieren 20
    neue Wertschätzung 24
Handarbeiten 52
Handtücher 128–131
Handtuchstange 131
Hausangestellte 57–58
Hausarbeit 20, 57–58
Haushaltsutensilien, Schrank für 51–52
Heal's 123
Heizkörper 130–131
Heizung 34, 107, 130–131
Hintergrundbeleuchtung 114, 127
Hocker 106
Holz in der Küche 96–99, *98–99*

I
Inselelement, Küche 95–96, *100–101*

K
Kaffeeflecken 68
Kalk, ungelöschter 65
Kaminholzkorb 104
Kerzen:
    Bad 135, *135*
    duftende 34
    Partys 43
    Tischdekoration 40
    Tropfen verhindern 68
Kissen:
    Fenstersitz 28
    Räume aufpeppen 27
    Stoffe 77
    Wohnzimmer 104, 111, 112, *114*
Kleiderschränke 51, *124*
Kleidung waschen 58–61
kochen 103
Konfitüre, Abdeckung 68
Kopfkissen 124
Körbe:
    Arbeitszimmer 140
    Bad 132
    Kaminholz *104*
    Küche 100
    Nähkorb 52
    Schlafzimmer *117*
    Speisekammer 49
Kräuter 36, 151
Küche *90–103,* 91–103
    Dekorationen 100
    Farbe 99
    Insel 95–96, *100–101*
    kochen 103
    Materialien 96–99
    Ordnung halten 20
    Sauberkeit 58
    Speisekammer 19, 46–51
    Tische 100
Kuchen, Verbrennen verhindern 68
Kühlschränke 48

L

Laken und Bettbezüge 51, 60–61, 124–127
Lampenschirme 27, 77
Läufer und Teppiche 112, 151
Lavendelsäckchen 51
Lebensmittel: kochen 103
   Speisekammer 19, 46–51
Leuchten siehe Beleuchtung
London, Recyclinghof 24
lose Polstermöbelüberzüge *107*

M

Marmelade, Abdeckung 68
Marmor reinigen 65
Materialien in der Küche 96–99
Matratzen 118–124
Matratzenauflagen 123–124
Mentmore, Buckinghamshire 147
Mittelalter, Sitzmöbel 108
Möbel, neue Wertschätzung 24–27
   siehe auch einzelne Typen
Muster 111–112

N

nähen *139*
Nähkorb 52
Natron 65, 69

O

Obst 82, 99–100
Ohrensessel *114*

P

Paisley-Schals 72, 74
Partys 43
Patchwork-Quilts 72, 123
Paxton, Joseph 144–147
persönliche Lieblingsstücke 78–83
Pflanzen 36
   Flur *87*
   Küche 100
   Wintergarten 144, *148–149*, 151
Polstermöbel 36, 74
Porzellan 40, 81, 100
Potpourri 36
Präsentation 81, 100
Putzen 20, 54–69
Putzmittel 51–52, 61–69
Puzzle 40

Q

Quilts 72–74, *123*

R

Recycling 24
Regale:
   Arbeitsplatz 140, *141*, 143
   Badezimmer 132
   Küche *94–95*
   Speisekammer 48
Reinigungsmittel 51–52, 61–59
Rollos und Jalousien im Schlafzimmer 127
Rom, Antike 128
Rothschild, Familie 147
Ruheliege *109*

S

Salz 65, 68
Schals 72, 74, 77
Schiefer 48
Schlafzimmer *30*, 116–127, *117–127*
Schränke:
   Anrichte 90–91
   Badezimmer 132
   Haushaltsutensilien 51–52
   Vorräte 19, 46–51
   Wäsche 19, 51
Schreibtisch *138*, *139*, 140
Seife 135
Servietten 40, 100
Sessel 40, *108*, *110*, *114*
   Arbeitszimmer *138*, 143
   Küche 96
   lose Überzüge *107*
   Polster 36, 77, 111–112
   Wintergarten *147*, 148–51
   Wohnzimmer *106–112*, 107–112, *114*
Silber reinigen 65
Sinne 33–37
Sitzmöbel:
   Fenstersitz 28
   Wohnzimmer *105–113*, 107–112
   siehe auch einzelne Typen
Sofas:
   lose Überzüge *107*
   Polster 77, 111–112
   Wohnzimmer 104, 105, 107–112, *107*, *111–115*
Speisekammer 19, 46–51
Spiegel 82, *88*, *131*, 132
Stauraum 45–53
   Arbeitsplatz *139*, 140, 143
   Badezimmer 129, *131*, 132, *132*, 135
   Flur 87, 88, *88*
   Haushaltsutensilien 51–22
   Körbe 100
   Küche *90–91*, *94–95*
   Nähkorb 52
   Schlafzimmer *117*
   Speisekammer 19, 46–51
   Wäsche 19, 51
Stehleuchte 114
Steinregale 48
Stoffe siehe Textilien

T

Teeflecken 68
Teekessel reinigen 68
Teppiche und Läufer 112, 151
Terrasse 151, *151*
Textilien 71–77
   dicke Stoffe nähen 68
   Kissen 77
   Küche 103
   Lampenschirme 77
   lose Polstermöbel-Überzüge *107*
   Polstermöbel 36, 77
   Quilts 72–74
   Vorhänge 74
   Wohnzimmer 111–112
Textur 36, *118*
Tischdecken 100
Tische:
   Arbeitsplatz 140
   Flur *87*
   Küche 96, 100
   Tischdekoration 28, 40
   Wintergarten 151
   Wohnzimmer 104, 112, *112–113*
Tischleuchten 28, 82, 114, 143
Tischwäsche 51, 60–61
Türen und Wärmedämmung 34, 107

U

Unordnung 19–20

V

Veranda 150
Verdunklungsrollos 127
Versailles 128
Victoria, Königin 144
Vorhänge 34, 74, 107, 127, *133*
Vorratskammer 19, 46–51

W

Wände:
   Flur 88
   Küche 99
Wärme 34, 107, 131
Wäsche 58–61
waschen 58–61
Wäscheschrank 19, 51
Weidenkörbe 100, *132*
Wellness-Bad 131
Weltausstellung, London (1851) 147
Wintergarten 144–151, *147*, *144–149*
Wohnzimmer 104–115, *104–115*

Z

Zentralheizung 34
Zugluft 107, 131
Zwiebeln, Geruch entfernen 68

Nützliche Adressen

HINWEIS: Der Verlag übernimmt keine Garantie für Aktualität der Webadressen.

MÖBEL UND ACCESSOIRES

Selbst wer sich Mühe gibt, sein Zuhause mit Möbeln und Zubehör aus dem Bestand behaglich einzurichten, braucht von Zeit zu Zeit etwas Neues. Mal muss Abgenutztes erneuert werden, mal haben sich die Bedürfnisse der Bewohner verändert – und dem muss sich ein lebendiges Zuhause anpassen. Das Angebot an Möbeln und Accessoires ist riesig und manchmal verwirrend. Versuchen Sie dennoch, Ihrem eigenen Stil treu zu bleiben.

Bo Concept
www.boconcept.de
Möbel und Wohnaccessoires im skandinavischen Stil

Brigitte von Boch
www.brigittevonboch.de
Wohnaccessoires

butlers
www.butlers.de
Möbel, Wohn- und Küchenaccessoires

Cabinet Schranksysteme AG
www.cabinet.de
Stauraumlösungen

Car Selbstbaumöbel
www.car-moebel.de
Unbehandelte Holzmöbel zur eigenen Gestaltung, Gartenmöbel, Stauraumlösungen, Accessoires

Country Garden
www.country-garden.de
Gartenmöbel, Wohnaccessoires

Der Fußmattenshop
www.dreckstueckchen.de
Originelle Fußmatten

Habitat
www.habitat.de
Stylische, moderne Möbel und Accessoires

IKEA
www.ikea.de
Möbel und Accessoires für Haus und Garten zu bezahlbaren Preisen

Le Marrakech
www.lemarrakech.eu
Orientalisches Möbelhaus, Originalfliesen, Kunsthandwerk, Accessoires

Lene Bjerre Design A/S
www.lenebjerre.dk
Romantische Möbel und Wohnaccessoires im skandinavischen Stil, im Fachhandel

Ligne Roset
www.ligne-roset.de
Moderne, elegante Möbel und mehr

moooi
www.moooi.com
Schönes für die Wohnung

Octopus
www.octopus-versand.de
Möbel für Haus und Garten, Accessoires, Wohntextilien

Sine Tempore
www.sinetempore.de
Edle Bettwäsche, Tischdecken, Wohnaccessoires und mehr

Stilfactorei
www.stilfactorei.de
Tisch- und Wohnaccessoires, Küchenzubehör

The Iron Bed Company
www.bedcompany.de
Metallbetten im traditionellen Stil

Tiger
www.tiger-stores.de
Witzige Küchen-, Wohn- und Schreibtischaccessoires zu günstigen Preisen

Torquato AG
www.torquato.de
Schönes für die Wohnung

FARBEN UND TAPETEN

Wer einen Tapetenwechsel braucht, muss nicht unbedingt die ganze Wohnung renovieren. Damit ein Raum wieder interessant wirkt, genügt es manchmal schon, eine einzige Wand in einer neuen Farbe zu streichen oder mit einer ungewöhnlichen Tapete zu bekleben. Dafür ist es nicht einmal nötig, den Raum komplett auszuräumen.

5qm
www.5qm.de
Originaltapeten aus den 50er- 60er- und 70er-Jahren

Auro Pflanzenchemie AG
www.auro.de
Naturfarben

cara Service- und Handelsgesellschaft mbH
–bauscouts.de–
www.bauscouts.de
Naturfarben ohne gesundheitsschädliche Inhaltsstoffe

Farrow & Ball
www.eu.farrow-ball.com
Renommierter englischer Farben- und Tapetenhersteller, traditionelle und moderne Dekore. Online-Shop und Vertriebspartner im ganzen deutschsprachigen Raum.

KREIDEZEIT Naturfarben GmbH
www.kreidezeit.de
Naturfarben

Manufaktur78
www.manufaktur78.de
Individueller Digitaldruck auf Tapeten, Rollostoff, Fliesen und mehr

Roomzone
www.roomzone.de
Ungewöhnliche Tapeten, auch Trompe L'oeil-Motive

Royaltapeten
www.royaltapeten.de
Ausgefallene Tapeten von retro bis modern

Tapeten der 70er
www.tapetender70er.de
Originelle Tapeten im Retro-Stil

TapetenAgentur Carsten Malz
www.cmalz.de
Ungewöhnliche Tapeten-Dekore

Tapeto
www.tapeto.de
Designer-Tapeten in vielen Stilrichtungen

STOFFE UND WOHNTEXTILIEN

Den Behaglichkeitsfaktor von Accessoires aus Stoff sollten Sie nicht unterschätzen. Ob weiche Wolldecken und gemütliche Kissen auf dem Sofa, voluminöse Handtücher im Bad oder eine hübsche Tischdecke beim Frühstück: Wohntextilien machen den Alltag ein bisschen freundlicher, und man kann sie ohne großen Aufwand schnell einmal austauschen. Selbst wenn Sie Textilien gern anfassen möchten, bevor Sie sich zum Kauf entscheiden, ist das Internet ein großartiges Medium, um sich Inspirationen zu holen.

1a Carl Friedrich Ern Versand GmbH
www.1a-versand.de
Bettwäsche aus Leinen

Cabbages and Roses
www.cabbagesandroses.com
Stoffe mit romantischen Rosenmustern in verblichenen Farben

Cath Kidston
www.cathkidston.co.uk
Blumenstoffe im Stil der 1950er-Jahre, Accessoires

Chivasso BV. Deutschland
www.chivasso.com
Dekostoffe

Christian Fischbacher
www.fischbacher.com
Dekostoffe

Création Baumann
www.creationbaumann.com
Dekostoffe

Designers Guild
www.designersguild.com
Trendige, farbenfrohe Stoffe für Vorhänge und Kissen

Die Leinenweber
www.die-leinenweber.de
Naturleinen

Florence Naturfaserstoffe
www.florence.de
Naturleinen und andere Naturfaserstoffe

Gudrun Sjödén GmbH
www.gudrunsjoeden.de
Dekostoffe aus Skandinavien

Ian Mankin
www.ianmankin.co.uk
Segeltuch, Canvas, Drell mit Matratzenstreifen, Baumwollstoffe

Jab Anstoetz
www.jab.de
Dekostoffe, Möbelstoffe, Teppiche

Kokon Lifestyle Haus
www.kokon.com
Wohntextilien und Accessoires, außergewöhnliche Kissen

Laura Ashley
www.lauraashley.com
Romantische Blumenstoffe im englischen Stil, Unis, Karo- und Streifenstoffe für alle Wohnbereiche

Marimekko
www.marimekko.com
Farbenfrohe Stoffe und Wohntextilien

Nya Nordiska
www.nya.com/de
Dekostoffe

Osborne & Little
www.osborneandlittle.com
Dekostoffe und Tapeten. Händler-Suchfunktion auf der Website

Stoffkontor
www.stoffkontor.net
Naturleinen

Wer gern selbst näht, findet auch in diesen Online-Shops interessante Materialien:

www.alfatex.de

www.bio-seide.de

www.buttinette.com

www.fadenversand.de

www.funfabric.com

www.naturstoff.de

www.siebenblau.de

www.stoffe-zanderino.de

www.volksfaden.de

www.wollhandwerk.de

Und hier können Sie selbst entworfene Muster auf Stoff drucken lassen:

www.designer.stoff-schmie.de
www.stoffn.de

VINTAGE

Nicht jeder hat einen Fundus schöner Dinge, aus dem er schöpfen kann. Zum Glück gibt es in fast jeder Stadt Trödler, Floh- und Antikmärkte, und auch die Anzahl der Charity-Shops nach englischem Vorbild nimmt zu. Antiquitätengeschäfte sind nicht immer teuer. Gläser, Geschirr oder Besteck in kompletten Sets mögen zu hohen Preisen gehandelt werden, doch Einzelstücke oder kleine, dekorative Accessoires kann man dort oft zu erstaunlich günstigen Preisen finden. Auch alte Quilts und Haushaltswäsche mit kleinen Schönheitsfehlern kann man dort zu einem guten Kurs finden.

Wer eine Städtereise ins Ausland unternimmt, sollte ebenfalls die Augen offen halten, zumal einige Städte für ihre Flohmärkte berühmt sind. Was wäre ein Besuch in London ohne einen Bummel über den Markt in der Portobello Road?

Natürlich ist heute das Internet ein wichtiges Forum für Käufer und Verkäufer geworden. Der Vorteil ist, dass man bequem und zu jeder Jahreszeit vom eigenen Sofa aus stöbern kann – der Nachteil besteht darin, dass man die Ware nur anhand von Fotos beurteilen kann, ehe man sich zum Kauf entscheidet. Auch die Versand- oder Transportkosten müssen bei Internet-Käufen berücksichtigt werden.

Flohmärkte und Antikmärkte
Orte und Termine sind zum Beispiel auf den folgenden Websites zu finden

www.melan.de/go/termine-antik.html

www.flohmarkt-termine.net

www.antikmarkt.net

www.antiquitaeten.com/

www.antiek.com gibt einen Überblick über Händler, Messen und Märkte in den Niederlanden und Belgien

Firmennachweis

o=oben, u=unten, r=rechts, l=links, M=Mitte

Architekten, Designer und Geschäfte, deren Arbeiten und Produkte in diesem Buch gezeigt werden.

A

Adamczewski
196 High Street
Lewes
East Sussex BN7 2NS
Seite 19l

An Angel at my Table
www.anangelatmytable.com
Seite 16r, 57M, 72-73, 117o

Andrew Treverton
+44 (0)7799 586810
Seite 56, 62r, 112ul

Annabel Grey
+44 (0)7860 500356
annabel.grey@btinternet.com
www.annabelgrey.com
Seite 25, 43r, 80

Arne Maynard
www.arne-maynard.com
Seite 144l

Arne Tengblad
Arteng@wanadoo.fr
+33 (0) 4 90 72 38 44
Linum
+33 (0) 4 90 76 34 00
contact@linum-france.com
www.linum-france.com
Seite 27M

B

Baileys
Whitecross Farm
Bridstow
Herefordshire HR9 6JU
+44 (0)1989 561931
www.baileys-home-garden.co.uk
Seite 54, 66or, 98

Beach Studios
www.beachstudios.co.uk
+44 (0)1797 344077
Seite 1, 3, 4, 9, 18, 23l, 27r, 30-31, 36-37, 55, 77M, 79, 81, 82ol, 82u, 90-91, 112-113, 116, 120, 132l, 139 beide, 142-143 beide, 148M, 151r

Bennison Fabrics Ltd
16 Holbein Place
London SW1W 8NL
+44 (0)20 7730 8076
www.bennisonfabrics.com
Seite 20o, 144-145

Bexon Woodhouse Creative
+44 (0)1531 630176
www.bexonwoodhouse.com
Seite 8, 22

Binny Mathews
www.hereasel.com
(Porträtmalerei)
+44 (0)1935 83455
Stuart Martin
stuart@stuartmartinarchitects.com
+44 (0) 1935 83543
Seite 123l

Boonshill Farm B&B
Near Rye
East Sussex
www.boonshillfarm.co.uk
Seite 58, 61r, 68–69, 87 beide, 141, 148l

C

Christina Wilson
www.christinawilson.co.uk
Seite 115

D

Dandy Star
+44 (0)20 7923 7208
mail@dandystar.com
www.dandystar.com
Seite 78or

Design By Us
www.design-by-us.com
auch Vermietung eines Sommerhauses in Südfrankreich:
www.villalagachon.com
Seite 12–13, 53

Doris Urquhart & Christopher Richardson Antiques
+44 (0)7799 414505
Seite 88l

E

Elizabeth Baer Textiles
+44 (0)1225 866136
dbaer@onetel.com
www.elizabethbaertextiles.com
Seite 51r

Elizabeth Machin Interiors PR
+44 (0)20 7503 3200
info@elizabethmachinpr.com
www.elizabethmachinpr.com
Seite 16ol, 117or

Emma Bridgewater
739 Fulham Road
London SW6 5UL
+44 (0)20 7371 5489
www.emmabridgewater.co.uk
Seite 33l

Eva Johnson
www.evajohnson.com
Seite 148–149

F

Fil de Fer
St. Kongensgade 83 A
1264 Kopenhagen K
Dänemark
+45 (0) 33 32 32 46
fildefer@fildefer.dk
www.fildefer.dk
Seite 103r

G

Girl's Own Store
30 South Street
Bridport
Dorset DT6 3NQ
+44 (0)1308 424474
www.girlsownstore.co.uk
Seite 95r beide

Gong
172 Fulham Road
London SW10 9PR
+44 (0)20 7370 7176
www.gong.co.uk
Seite 36l

Gustavo Martinez Design
27 West 96th Street
Suite 10F
New York, NY 10025
+1 (0)212 686 3102
gmdecor@aol.com
www.gustavomartinezdesign.com
Seite 114ol

H

Haberfield Hall
Vermietung als Foto-Location über:
Shootspaces
+44 (0)20 7912 9989
www.shootspaces.com
Seite 97

Heather Gratton
info@2refresh.com
www.2refresh.com
Seite 105

Helen Ellery
www.i-love-home.co.uk
Seite 93

I

i gigi General Store Ltd
31a Western Road
Hove
East Sussex BN3 1AF
+44 (0)1273 775257
igigi@igigigeneralstore.com
www.igigigeneralstore.com
Seite 49, 100l

Ilaria Miani
Shop
Via Monserrato 35
00186 Roma
+39 (0) 668 33160
ilariamiani@tin.it
www.ilariamiani.it
Podere Buon Riposo in Val d'Orcia wird zur Vermietung angeboten
Seite 128l

J

Jan Constantine
+44 (0)1270 821194
www.janconstantine.com
Seite 67

Jane Cumberbatch
www.purestyleonline.com
Seite 70

Jette Arendal Winther
www.arendal-ceramics.com
Seite 109r

John Pearse
6 Meard Street
London W1F OEG
+44 (0)20 7434 0738
jp@johnpearse.co.uk
www.johnpearse.co.uk
Seite 17

Josephine Macrander
+31 (0) 6 43053062
Seite 88r

Julian Stair
52a Hindmans Raod
London SE22 9NG
+44 (0)20 8693 4877
studio@julianstair.com
www.julianstair.com
Seite 24

K

Kate Forman
www.kateforman.co.uk
Seite 28r, 32, 34r, 71l, 72M, 77l, 92r

Kathy Bruml Homestyle
+1 (0) 212 645 1241
kathy@kathybruml.com
www.kathybruml.com
Seite 107r

Kristiina Ratia Designs
+1 (0) 203 852 0027
Seite 47, 132r

L

La Cour Beaudeval Antiquities
Mireille & Jean Claude Lothon
4 Rue Fontaines
28210 Faverolles
Frankreich
+33 (0) 2 37 51 47 67
Seite 50, 51l, 72l

Le Clos du Léthé
Gästehaus – Kochkurse
Hameau de St. Médiers
30700 Montaren & St. Médiers
info@closdulethe.com
www.closdulethe.com
+33 (0) 4 66 74 58 37
Seite 23ur

Lovelylovely
+44 (0)7989 645208
info@lovelylovely.net
www.lovelylovely.cc.uk
Seite 96 beide

M

Marianne Pascal Architecte D.P.L.G.
20 rue de l'Eglise 65700
Labout-Rivière
+33 (0) 6 35 21 17 84
www.mariannepascal.com
Seite 41

Michael Bains & Catherine Woram
www.catherineworam.co.uk
Seite 118l

Michael Leva
P.O. Box 100
Roxbury, CT 06783
USA
+1 (0) 860 355 2225
Seite 140

N

Nina Hartmann
www.vintagebynina.com
Seite 28l, 29, 52ur, 103l, 128r, 138

O

Ole Lynggaard Copenhagen
Hellerupvej 15B
DK - 2900 Hellerup
+45 (0) 39 46 03 00
www.olelynggaard.dk
Seite 11, 137

P

P + P Interiors
+44 (0)7956 404565
parkerminor@aol.com
Seite 84, 114u

Penny Radford
Prato di Sotto
Santa Giuliana
Pierantonio (PG)
Italien 06015
+39 (0) 75 941 73 83
pennyradford@libero.it
www.umbriaholidays.com
Seite 45l

Petra Boase
info@petraboase.com
www.petraboase.com
Seite 124l

Philip Wagner Architects
5 Ladbroke Road
London W11 3PA
+44 (0)20 7221 3219
mailbox@philipwagner.co.uk
www.philipwagner.co.uk
Seite 89

Pour Quoi
Nodre Frihavnsgade 13
2100 Kopenhagen
Dänemark
+45 (0) 35 26 62 54
Seite 21

R

Raffaella Barker
info@locationpartnership.com
www.locationpartnership.com
Objekt Nr. HC601
Seite 134

Roger Oates
www.rogeroates.com
Seite 16ur

S

Sanne Hjermind
Künstlerin
+45 (0) 26 91 01 97
Claes Bech-Poulsen
Fotograf
+45 (0) 40 19 93 99
claes@claesbp.com
www.claesbp.dk
Seite 94–95

Sasha Waddell Interior Design & Seminare
info@sashawaddelldesign.com
www.sashawaddelldesign.com

Sasha Waddell Furniture
+44 (0)20 8979 9189
www.sashawaddell.co.uk
Seite 4, 9, 112–113, 132l

Space Architecture and Design
+45 (0) 35 24 84 84
mail@spacecph.dk
www.spacecph.dk
Seite 63

Stella Nova ApS
Blegdamsvej 28D, 2. Etage
DK - 2200 Kopenhagen N
Dänemark
+45 (0) 33 30 89 89
info@stella-nova.dk
www.stella-nova.dk
Seite 100–101

Stephen Pardy
Weston Pardy Design Consultancy
49 Cleaver Square
London SE11 4EA
+44 (0)20 7587 0221
weston.pardy@mac.com
Seite 110–111

Sue West
+44 (0)1453 757771
suewest@thehousemade.com
www.avaweb.co.uk/coachhouse.html
Seite 146

Susan Cropper
Loop
41 Cross Street
Islington
London N1 2BB
+44 (0)20 7288 1160
www.loopknitting.com
Seite 52l, 117u

Swan House
1 Hill Street
Hastings TN34 3HU
+44 (0)1424 430014
res@swanhousehastings.co.uk
www.swanhousehastings.co.uk
No. Eight
www.noeight.co.uk
Melissa White
www.fairlyte.co.uk
Seite 35, 112ol, 121

T

Tapet Café
www.tapet-cafe.dk
Seite 74l, 82or

Teed Interiors Ltd.
für Sasha Waddell Fabrics & Furniture
www.sashawaddell.co.uk
Seite 71or, 77r

The Cross
141 Portland Road
London W11 4LR
+44 (0)20 7727 6760
Seite 65l, 75

The Dodo
www.thedodo.co.uk
Seite 30l

The George in Rye
98 High Street
Rye
East Sussex TN31 7JT
+44 (0)1797 224114
stay@thegeorgeinrye.com
www.thegeorgeinrye.com
Seite 64, 114or, 118r

The Swedish Chair
+44 (0)20 8657 8560
www.theswedishchair.com
David Sandstrom, Maler
Wandbilder und Trompe L'Oeil
Schweden
+46 (0) 90 98049
Seite 99r, 106–107

Todhunter Earle Interiors
+44 (0)20 7349 9999
interiors@todhunterearle.com
www.todhunterearle.com
Seite 40r, 83, 130

Twig Hutchinson
www.twighutchinson.com
Seite 46l, 92l

V

Vivien Lawrence Interior Design
+44 (0) 20 8209 0058/020 8209 0562
vl-interiordesign@cwcom.net
Seite 91r

W

Westcott Design Ltd
peter@westcott-design.com
www.westcott-design.com
+44 (0)20 7801 0072
Seite 123r

Bildnachweis

F = Fotograf, o=oben, u=unten, r=rechts, l=links, M=Mitte.

Seite 1 *F* Polly Wreford/Foster Haus, Design: Dave Coote & Atlanta Bartlett, Vermietung als Foto-Location durch www.beachstudios.co.uk; 2 *F* Polly Wreford/Charlotte-Anne Fidlers Haus in London; 3 *F* Polly Wreford/Foster Haus, Design: Dave Coote & Atlanta Bartlett, Vermietung als Foto-Location durch www.beachstudios.co.uk; 4 *F* Polly Wreford/Sasha Waddells Haus, Vermietung: www.beachstudios.co.uk; 5 *F* Paul Massey/Haus auf der île de Ré; 6 *F* Chris Everard/Jeremy Hacketts Haus in London; 7 *F* Tom Leighton; 8 *F* Christopher Drake/Fiona & Woody Woodhouses Cottage aus dem 16. Jh. in Surrey, Design: Bexon Woodhouse Creative; 9 *F* Polly Wreford/Sasha Waddells Haus, Vermietung: www.beachstudios.co.uk; 10 *F* Chris Tubbs/Matthew & Miranda Edens Haus in Wiltshire; 11 *F* Paul Massey/Haus der Designerin Charlotte Lynggaard in Dänemark; 12–13 *F* Paul Massey; 14 *F* Lisa Cohen/Clara Baillies Haus auf der Isle of Wight; 16ol *F* Jan Baldwin/Elizabeth Machins Cottage in Norfolk; 16ul *F* Andrew Wood/Fay & Roger Oates' Haus in Ledbury; 16r *F* Debi Treloar/Haus von Patty Collister in London, Inhaberin von An Angel At My Table; 17 *F* Winfried Heinze/Florence & John Pearses Wohnung in London; 18 *F* Polly Wreford/Foster Haus, Design: Dave Coote & Atlanta Bartlett, Vermietung als Foto-Location durch www.beachstudios.co.uk; 19l *F* Catherine Gratwicke/ehemaliges Haus von Hélène Adamczewski in Lewes; 19r *F* Winfried Heinze/Trine und William Millers Haus in London; 20o *F* Chris Tubbs/Haus von Geoff & Gilly Newberry (Bennison Fabrics) in Norfolk; 20u *F* Jan Baldwin/Haus von Claire Haithwaite und Dean Maryon in Amsterdam; 21 *F* Lisa Cohen/Haus von Lars Wiberg (Pour Quoi) in Kopenhagen; 22 *F* Claire Richardson/Haus von Fiona und Woody Woodhouse in Herefordshire; 23l *F* Polly Wreford/Design: Dave Coote & Atlanta Bartlett, www.beachstudios.co.uk; 23or *F* Chris Tubbs/Matthew & Miranda Edens Haus in Wiltshire; 23ur *F* Claire Richardson/Le Clos du Lethe; 24 *F* Debi Treloar/Haus und Studio von Julian Stair in London; 25 *F* Chris Tubbs/Annabel Greys Cottage in Norfolk; 26 *F* Polly Wreford/Mary Foleys Haus in Connecticut; 27l *F* Lisa Cohen; 27M *F* Christopher Drake/Haus von Anna Bonde und Arne Tengblad (Künstler) im Lubéron, Provence; 27r *F* Polly Wreford/Foster Haus, Design: Dave Coote & Atlanta Bartlett, Vermietung als Foto-Location durch www.beachstudios.co.uk; 28r *F* Lisa Cohen/Kate Formans Haus; 28l & 29 *F* Lisa Cohen/Haus der Designerin Nina Hartmanns Haus in Schweden, www.vintagebynina.com; 30l *F* Paul Massey/Haus der Bartons an der Küste von West Sussex: www.thedodo.co.uk; 30–31 *F* Polly Wreford/Foster Haus, Design: Dave Coote & Atlanta Bartlett, Vermietung als Foto-Location durch www.beachstudios.co.uk; 32 *F* Lisa Cohen/Kate Formans Haus; 33l *F* Chris Everard/Familienhaus in Norfolk; 33or *F* Jan Baldwin; 33ur *F* Winfried Heinze/Trine und William Millers Haus in London; 34l *F* Caroline Arber; 34r *F* Lisa Cohen/Kate Formans Haus; 35 *F* Claire Richardson/Swan Haus Bed & Breakfast in Hastings; 36l *F* Polly Wreford/Jo Plismy, Gong; 36M *F* Sandra Lane; 36–37 *F* Polly Wreford/Stansfield Road Design: Dave Coote und Atlanta Bartlett, Vermietung als Foto-Location durch www.beachstudios.co.uk; 38ol *F* Polly Eltes; 38ul *F* Dan Duchars; 38r *F* Polly Wreford; 39 *F* Lisa Cohen; 40l *F* Polly Wreford/www.francescamills.com; 40r *F* Chris Tubbs/Ferienhaus der Designerin Emily Todhunter im Peak District; 41 *F* Winfried Heinze/Appartement eines englisch-französischen Paares in Paris, Design: Marianne Pascal; 42 *F* Sandra Lane; 43l *F* Polly Wreford/Mary Foleys Haus in Connecticut; 43r *F* Chris Tubbs/Annabel Greys Cottage in Norfolk; 44 *F* Jan Baldwin/Jan Hashey und Yasuo Minagawa; 45l *F* Chris Tubbs/Prato di Sotto in Umbria, Design und Restauration: Penny Radford; 45or *F* Peter Cassidy; 45ur *F* Caroline Arber; 46l *F* Polly Wreford/Haus der Stylistin Twig Hutchinson in London; 46r *F* Thomas Stewart; 47 *F* Debi Treloar/Haus von Kristiina Ratia und Jeff Gocke in Norwalk, Connecticut; 48l *F* Debi Treloar/Haus von Clare und David Mannix-Andrews in Hove, East Sussex; 48r *F* Debi Treloar/Mark Chalmers' Wohnung in Amsterdam; 49 *F* Polly Wreford/Haus von Zoe Ellison, Inhaberin von i gigi General Store in Hove, Sussex; 50 & 51l *F* Christopher Drake/Haus von Mireille und Jean Claude Lothon (Inhaber von La Cour Beaudeval Antiquities) in Faverolles; 51r *F* Chris Tubbs/Elizabeth Baers frühgeorgianisches Haus; 52l *F* Debi Treloar/Susan Croppers ehemaliges Haus in London; 52or *F* Lisa Cohen/Clara Baillies Haus auf der Isle of Wight; 52ur *F* Lisa Cohen/Haus der Designerin Nina Hartmanns Haus in Schweden, www.vintagebynina.com; 53 *F* Paul Massey; 54 *F* Debi Treloar/Mark & Sally Baileys Haus in Herefordshire; 55 *F* Polly Wreford/Stansfield Road Design: Dave Coote und Atlanta Bartlett, Vermietung als Foto-Location durch www.beachstudios.co.uk; 56 *F* Dan Duchars/ehemaliges Haus der Stylistin Rose Hammick und des Architekten Andrew Trevertons in London; 57l *F* James Merrell; 57M *F* Debi Treloar/Haus von Patty Collister in London (Inhaberin von An Angel At My Table); 57r *F* Polly Wreford; 58 *F* Polly Wreford/Haus von Lisette Pleasance (Designerin) und Mick Shaw/Boonshill Farm B&B; 59 *F* Lisa Cohen; 60 *F* Jan Baldwin/Jane Morans Cottage in Sussex; 61l *F* Debi Treloar; 61r *F* Polly Wreford/Haus von Lisette Pleasance (Designerin) und Mick Shaw/Boonshill Farm B&B; 62l *F* Debi Treloar; 62r *F* Dan Duchars/ehemaliges Haus der Sylistin Rose Hammick und des Architekten Andrew Trevertons in London; 63 *F* William Heinze/Signe Bindslev Henriksen von Space Architecture & Design; 64 *F* Polly Wreford/Haus von Katie & Alex Clarke, Inhaber des Boutiquehotels The George in Rye; 65l *F* Debi Treloar/Haus von Sarah O'Keefe, Mit-Inhaberin von 'The Cross' in West London; 65r *F* Caroline Arber; 66l *F* Winfried Heinze/Trine und William Millers Haus in London; 66or *F* Debi Treloar/Baileys Haus und Garten; 66ur *F* James Merrell; 67 *F* Paul Massey/Jan Constantine-www.janconstantine.com; 68–69 *F* Polly Wreford/Haus von Lisette Pleasance (Designerin) und Mick Shaw/Boonshill Farm B&B; 70 *F* Lisa Cohen/Jane Cumberbatch- www.purestyleonline.com; 71l *F* Lisa Cohen/Kate Formans Haus; 71or *F* Lisa Cohen/Haus der Designerin Clare Teed in Hampton, www.sashawaddell.com; 71ur *F* Lisa Cohen; 72l *F* Christopher Drake/Haus von Mireille und Jean Claude Lothon (Inhaber von La Cour Beaudeval Antiquities) in Faverolles; 72M *F* Lisa Cohen/Kate Formans Haus; 72–73 *F* Debi Treloar/Haus von Patty Collister in London (Inhaberin von An Angel At My Table); 74l *F* Lisa Cohen/Inhaberin des TAPET-CAFÉ, Textildesignerin Helene Blanche und Ehemann und Jannik Martensen-Larsen; 74r *F* Lisa Cohen; 75 *F* Debi Treloar/Londoner Haus von Sam Robinson, Mit-Inhaber von 'The Cross' und 'Cross the Road'; 76 *F* Lisa Cohen; 77l *F* Lisa Cohen/Kate Formans Haus; 77M *F* Polly Wreford/Foster Haus, Design: Dave Coote & Atlanta Bartlett, Vermietung als Foto-Location durch www.beachstudios.co.uk; 77r *F* Lisa Cohen/Haus der Designerin Clare Teed Haus in Hampton, www.sashawaddell.com; 78l *F* Paul Massey/Michael Giannelli & Greg Shanos Haus in East Hampton; 78or *F* Jan Baldwin/Haus von Rose Bamford (Dandy Stars) in Cornwall; 78u *F* Polly Wreford; 79 *F* Polly Wreford/Foster Haus, Design: Dave Coote & Atlanta Bartlett, Vermietung als Foto-Location durch www.beachstudios.co.uk; 80 *F* Chris Tubbs/Annabel

Greys Cottage in Norfolk; **81** *F* Polly Wreford/Stansfield Road Design: Dave Coote und Atlanta Bartlett, Vermietung als Foto-Location durch www.beachstudios.co.uk; **82ol & u** *F* Polly Wreford/Foster Haus, Design: Dave Coote & Atlanta Bartlett, Vermietung als Foto-Location durch www.beachstudios.co.uk; **82or** *F* Lisa Cohen/Inhaber von TAPET-CAFÉ, Textildesignerin Helene Blanche und Ehemann und Jannik Martensen-Larsen; **83** *F* Chris Tubbs/Ferienhaus der Designerin Emily Todhunter im Peak District; **84** *F* Polly Wreford/Anna Parker, P + P Interiors; **86** *F* Paul Massey/Michael Giannelli & Greg Shanos Haus in East Hampton; **87** beide *F* Polly Wreford/Haus von Lisette Pleasance (Designerin) und Mick Shaw/Boonshill Farm B&B; **88l** *F* Jan Baldwin/Doris Urquhart und Christopher Richardson; **88r** *F* Debi Treloar/Wim und Josephines Wohnung in Amsterdam; **89** *F* Jan Baldwin/Philip & Lisskulla Wagners Cottage in Sussex, Design: Philip Wagner Architects; **90-91** *F* Polly Wreford/Foster Haus, Design: Dave Coote & Atlanta Bartlett, Vermietung als Foto-Location durch www.beachstudios.co.uk; **91r** *F* Christopher Drake/Vivien Lawrence, Raumdesignerin in London (0044 (0)20 8209 0562); **92l** *F* Polly Wreford/Haus der Stylistin Twig Hutchinson in London; **92r** *F* Lisa Cohen/Kate Formans Haus; **93** *F* Chris Everard/Haus in London, Design: Helen Ellery; **94-95** *F* Debi Treloar/Sanne Hjermind & Claes Bech-Poulsen; **95r** beide *F* Jan Baldwin/ Cottage von Sara Mahon (Inh. von Girls Own Store) in West Dorset; **96** beide *F* Debi Treloar/Londoner Haus von Louise Scott-Smith of www.lovelylovely.co.uk; **97** *F* Debi Treloar/Haus von Isobel Trenouth mit Ehemann und 4 Kindern; **98** *F* Debi Treloar/Mark & Sally Baileys Haus in Herefordshire; **99l** *F* Polly Wreford/Glenn Carwithen & Sue Miller, London; **99r** *F* Debi Treloar/the Swedish Chair - Lena Renkel Eriksson; **100l** *F* Polly Wreford/Haus von Zoe Ellison (Inh. von i gigi General Store) in Hove, Sussex; **100-101** *F* Winfried Heinze/Haus von Kamilla Bryiel und Christian Permin in Kopenhagen; **102** *F* Lisa Cohen; **103l** *F* Lisa Cohen/Haus der Designerin Nina Hartmann in Schweden, www.vintagebynina.com; **103r** *F* Winfried Heinze/Wohnung von Lars Kristensen (Inh. von Fil de Fer), Kopenhagen; **104ol** *F* Chris Tubbs; **104or** *F* Polly Wreford; **104u** *F* Chris Tubbs; **105** *F* Polly Wreford/Haus von Heather Gratton in Brighton; **106-107** *F* Debi Treloar/the Swedish Chair - Lena Renkel Eriksson; **107r** *F* Polly Wreford/Kathy Brumls Haus in New Jersey; **108l** *F* Polly Wreford/Adria Ellis' Wohnung in New York; **108r** *F* Polly Wreford/Familienhaus in Lydd, Kent; **109l** *F* Debi Treloar/Haus der Keramikerin Jette Arendal Winther in Dänemark, www.arendal-ceramics.com; **110-111** *F* Christopher Drake/georgianisches Haus des Designers Stephen Pardys in London; **111r** *F* Debi Treloar/Nicky Phillips' Wohnung in London; **112ol** *F* Claire Richardson/Swan House Bed & Breakfast in Hastings; **112ul** *F* Dan Duchars/ehemaliges Haus der Sylistin Rose Hammick und des Architekten Andrew Treverton in London; **112-113** *F* Polly Wreford/Sasha Waddells Haus, Vermietung über www.beachstudios.co.uk; **114ol** *F* Debi Treloar/Familienhaus in Manhattan, Design: Amanda Martocchio und Gustavo Martinez Design; **114or** *F* Polly Wreford/Familienhaus von Katie & Alex Clarke (Inh. des Boutiquehotels The George in Rye); **114u** *F* Polly Wreford/Anna Parker, P + P Interiors; **115** *F* Chris Everard/Haus von Robert Elms & Christina Wilsons in London, mit frdl. Genehmigung von SCP; **116** *F* Polly Wreford/Foster Haus, Design: Dave Coote & Atlanta Bartlett, Vermietung als Foto-Location durch www.beachstudios.co.uk; **117ol** *F* Sandra Lane/Haus von Patty Collister in London (Inh. von An Angel At My Table); **117or** *F* Jan Baldwin/Elizabeth Machins Cottage in Norfolk; **117u** *F* Debi Treloar/Susan Croppers ehemaliges Haus in London; **118l** *F* Polly Wreford/Londoner Haus von Michael Bains und Catherine Woram; **118r** *F* Polly Wreford/Familienhaus von Katie & Alex Clarke (Inhaber des Boutiquehotels The George in Rye); **119** *F* Paul Massey/Michael Giannelli & Greg Shanos Haus in East Hampton; **120** *F* Polly Wreford/Foster Haus, Design: Dave Coote & Atlanta Bartlett, Vermietung als Foto-Location durch www.beachstudios.co.uk; **121** *F* Claire Richardson/Swan House Bed & Breakfast in Hastings; **122** *F* Lisa Cohen; **123l** *F* Jan Baldwin/Haus der Künstlerin Binny Mathews und des Architekten Stuart Martin in Dorset; **123r** *F* Jan Baldwin/Peter Westcotts Cottage in Somerset (Inh. von Westcott Design); **124l** *F* Debi Treloar/Haus der Designerin Petra Boase & Familie in Norfolk; **124r & 125** *F* Claire Richardson; **126-127** *F* Polly Wreford/Hilary Robertson und Alistair McGowan, Hastings; **127** *F* Chris Tubbs/Marina Ferrara Pignatellis Haus in Val d'Orcia, Toskana; **128l** *F* Chris Tubbs/Ilaria & Giorgio Mianis Podere Buon Riposo in Val d'Orcia; **128r** *F* Lisa Cohen/Haus der Designerin Nina Hartmann Haus in Schweden, www.vintagebynina.com; **129** *F* Paul Massey/Michael Giannelli & Greg Shanos Haus in East Hampton; **130** *F* Chris Tubbs/Ferienhaus der Designerin Emily Todhunter im Peak District; **131o** *F* Chris Everard/Jeremy Hacketts Haus in London; **131u** *F* Debi Treloar/Nicky Phillips' Wohnung in London; **132l** *F* Polly Wreford/Sasha Waddells Haus, Vermietung über www.beachstudios.co.uk; **132r** *F* Debi Treloar/Haus von Kristiina Ratia und Jeff Gocke in Norwalk, Connecticut; **133** *F* Lisa Cohen; **134** *F* Chris Tubbs/Raffaella Barkers Haus in Norfolk; **135ol** *F* Polly Wreford; **135oM** *F* Debi Treloar; **135or** Jan Baldwin; **135u** *F* David Brittain; **136** *F* Polly Wreford/Marina Coriasco; **137** *F* Paul Massey/Haus der Designerin Charlotte Lynggaard in Dänemark; **138** *F* Lisa Cohen/Haus der Designerin Nina Hartmann Haus in Schweden, www.vintagebynina.com; **139** beide *F* Polly Wreford/Foster Haus, Design: Dave Coote & Atlanta Bartlett, Vermietung als Foto-Location durch www.beachstudios.co.uk; **140** *F* Debi Treloar/Michael Levas Haus in Litchfield County, Connecticut; **141** *F* Polly Wreford/Haus von Lisette Pleasance (Designerin) und Mick Shaw/Boonshill Farm B&B; **142-143** beide *F* Polly Wreford/Foster Haus, Design: Dave Coote & Atlanta Bartlett, Vermietung als Foto-Location durch www.beachstudios.co.uk; **144l** *F* Tom Leighton/Arne Maynard; **144-145** *F* Chris Tubbs/Haus von Geoff & Gilly Newberry (Bennison Fabrics) in Norfolk; **146** F Catherine Gratwicke/Haus der Raumdesignerin Sue West in Gloucestershire; **147l** *F* Lisa Cohen/Clara Baillies Haus auf der Isle of Wight; **147r** *F* Polly Wreford/www.francescamills.com; **148l** *F* Polly Wreford/Haus von Lisette Pleasance (Designerin) und Mick Shaw/Boonshill Farm B&B; **148M** *F* Polly Wreford/Foster Haus, Design: Dave Coote & Atlanta Bartlett, Vermietung als Foto-Location durch www.beachstudios.co.uk; **148-149** *F* Christopher Drake/Eva Johnsons Haus in Suffolk, Raumdesign: Eva Johnson; **150** *F* Paul Massey/Michael Giannelli & Greg Shanos Haus in East Hampton; **151l** *F* Lisa Cohen/Clara Baillies Haus auf der Isle of Wight; **151r** *F* Polly Wreford/Foster Haus, Design: Dave Coote & Atlanta Bartlett, Vermietung als Foto-Location durch www.beachstudios.co.uk.

Danksagung

Dies ist ein Buch ganz nach meinem Herzen, und es war ein Vergnügen, mit einem Team zusammenzuarbeiten, das so genau verstand, was im Hinblick auf Konzept und Umsetzung nötig war. Herzlichen Dank an Alison Starling und Leslie Harrington, Delphine Lawrance, Toni Kay und Emily Westlake.